西方哲理译丛●

Georg Wilhelm Hegel

〔德〕黑格尔 ——著

王义国 ——译

小逻辑

金城出版社
GOLD WALL PRESS
·北京·

图书在版编目（CIP）数据

小逻辑 /（德）黑格尔著；王义国译．—北京：
金城出版社，2019.4
书名原文：The Logic of Hegel
ISBN 978-7-5155-1820-6

Ⅰ.①小… Ⅱ.①黑… ②王… Ⅲ.①辩证逻辑
Ⅳ.①B811.01②B516.35

中国版本图书馆CIP数据核字（2019）第006278号

小逻辑

著　　者　[德] 黑格尔
译　　者　王义国
责任编辑　李凯丽
开　　本　660毫米×940毫米　1/16
印　　张　14
字　　数　161千字
版　　次　2019年4月第1版
印　　次　2019年4月第1次印刷
印　　刷　三河市双峰印刷装订有限公司
书　　号　ISBN 978-7-5155-1820-6
定　　价　36.00元

出版发行　**金城出版社**　北京市朝阳区利泽东二路3号
邮编：100102
发 行 部　（010）84254364
编 辑 部　（010）84250838
总 编 室　（010）64228516
网　　址　http://www.jccb.com.cn
电子邮箱　jinchengchuban@163.com
法律顾问　北京市安理律师事务所　（电话）18911105819

译 序

本译本所依据的原作，是威廉·华莱士的英文译本《黑格尔的逻辑学》(The Logic of Hegel，translated by William Wallace，牛津大学出版社出版)，世称《小逻辑》(The Shorter Logic)。华莱士英译本《小逻辑》是公认的权威英译本。

本书的作者黑格尔（Georg Wilhelm Hegel，1770—1831）之声名显赫，可以说是如雷贯耳。黑格尔究竟有多么崇高的学术地位？还是以权威辞书为证。中国大百科全书出版社出版的《简明不列颠百科全书》说，黑格尔是“德国绝对唯心主义者，最后一位现代伟大哲学体系创始人。”(该书1985年版，第3卷第763页)。言外之意就是，在黑格尔之后，再也无人创造出伟大的现代哲学体系了。

《简明不列颠百科全书》还说，“他的哲学著作继康德、费希特、谢林之后，标志着德国古典哲学的顶峰。”（同上，第764页）这里提到的康德（Immanuel Kant，1724—1804）在学术上是黑格尔的前辈，其声名显赫，可以说比起黑格尔有过之而无不及。康德是“启蒙运动最重要的思想家，历史上最伟大的哲学家之一。由笛卡儿开创的理性主义和由培根开创的经验主义新思潮，在他身上得到集中体现。”（《简明不列颠百科全书》第4卷第629页。）费希特（Johann Gottlieb Fichte，1762—1814）是德国唯心主义哲学家。谢林（Friedrich Wilhelm Joseph Schelling，1775—1854），德国哲学家，是德国古典客观唯心主义代表人物。黑格尔的哲学著作“标志着德国古典哲学的顶峰”，也就是说德国古典主义哲学，在黑格尔身上达到了最高成就。

试以伟大的康德为例。康德的哲学有一种本质上的二元论：自然与精神对立，客体与主体对立，外部世界是由孤立而又无关联的实体构成。黑格尔则试图在这二元论的鸿沟上架起桥梁，他要在整体中而不是在部分中找到更多的实在和价值，以便把二元性化为统一性。当然，这是哲学界对康德与黑格尔之间的异同所作的论断，而且也决非像我转述的这么简单。不过从这本《小逻辑》中，我们就可对康德的哲学思想与黑格尔的哲学思想有所了解。在这本书中，黑格尔在阐述他的哲学理念的时候，就多次从不同的角度对康德的哲学思想、也包括费希特和谢林等德国古典哲学家的哲学思想作了探讨和批评。

黑格尔的一生，可以说是读书、教书、著述的一生。他“早年在斯图加特语法学校、蒂宾根大学学习，毕业后任家庭教师。1801年其历任耶拿大学讲师、纽伦堡中学校长、海德尔堡大学教授、柏林大学教授、校长。”（《简明不列颠百科全书》第3卷第763页。）黑格尔的著作主要有四种：一是出版于1807年的不朽之作《精神现象学》（Phenomenology of Spirit），一是于1812至1816年间分两卷出版的同样不朽的《逻辑学》（Science of Logic），一是1817年发表的《哲学全书纲要》（The Encyclopedia of the Philosophical Sciences in Outline），再就是出版于1820年的《法哲学纲要》（Outlines of the Philosophy of Law）。1823至1829年间是他讲课活动的鼎盛时期，声名远扬国外，美学、宗教哲学和历史哲学的讲演录为这一时期的成果。他的历史哲学演讲后来结集成书，为《历史哲学》（Philosophy of History），也是他的最重要著作之一。在《历史哲学》中，他提出了人类历史的方向就是“自由理念的发展”这一著名命题。

一提起黑格尔，人们就会油然想起他的《精神现象学》和《逻辑学》。德国基督教神学家、哲学家施特劳斯（David Strauss，1808—1874）说，《精神现象学》是黑格尔哲学的全部，他的后期著作只是这本书的摘录而已。当然这是极而言之。直到今天，大家仍公认，黑格尔的《精神现象学》是最经典的古典哲学著作之一。另外，这本书是在黑格尔37岁的时候出版的，这说明中年是人的学术活动的黄金时期。黑格尔在担任纽伦堡中学校长的时候就发表了《逻辑学》，世称“大逻辑”（the Larger Logic），我们这里所翻译的《逻辑学》，世称“小逻辑”，以示有别于他的两卷本的《逻辑学》。

黑格尔的伟大的《逻辑学》，是他的《精神现象学》的哲学思想的自然的发展和深化，是黑格尔哲学的真正基础。在前面所提到的那三位德国古典主义哲学家当中，康德主要是作批判，也就是著名的康德批判哲学。费希特主要是提出原则，谢林则主要是对自然界和历史领域作全面探讨。而黑格尔的《逻辑学》，则是对思维的全部组成成分进行系统的重新组合，也就是把组成智力的一个个片断，逐步构建成为一个整体。黑格尔哲学在历史上产生了巨大的影响，如青年时代的马克思就是黑格尔的门徒（disciple），也就是黑格尔哲学的激进追随者，而《逻辑学》一书，就是黑格尔哲学的最重要的组成部分之一。

《小逻辑》以小节的形式阐发了逻辑学的原理。每一个小节阐述一个具体的论题（concrete topic），有的小节后面又附加了注释，对论题作进一步的详尽阐发。黑格尔并不是单纯阐述逻辑学的基本原理，而是结合逻辑学的基本原理，对西方哲学进行了全面的反思和探讨。西方有重视逻辑学的传统。西方的逻辑学滥觞于亚里士多德，历经中世纪、近代、现代，一直经久不衰。逻辑学是探讨思维的科学，它赋予自然哲学和精神哲学以生命的灵魂，自然哲学和精神哲学则应用逻辑学。由于重形式逻辑（formal logic），也就重演绎推理，也就在研究自然现象和精神现象的时候，有假设，有推导，有结论，也就得出了一个个可以不断运用的原则或者定理。西方的科学水平公认领先于世界，这不能不说是与其逻辑学的高度发展有根本的联系。

黑格尔在阐述逻辑学的时候，自然也论述了辩证法。在本书中，黑格尔认为，是柏拉图发明了辩证法，而康德则复兴了辩证法。黑格尔在本书中对辩证法所作的界定，完全可以套用权威辞书的扼要总结。“黑格尔把辩证法看作是：一个概念由于它自己固有的矛盾双方冲突的结果，而向它自己的反面转化的倾向。”（《简明不列颠百科全书》，第1卷第740页）在本书第81小节中，黑格尔对辩证法作了我所见到的最精彩的阐述，他所引用的西塞罗的名言“最严峻的法律最不公正”（summum jus summa injuria），可以说是穷尽了辩证法的极致！无怪乎黑格尔生前即为莘莘学子所倾倒。“马克思和恩格斯采纳了黑格尔的定义，并应用于他们对社会和经济过程所作的解释中。”（同上）今天，“黑格尔的辩证法”早已为我们所熟知，由此可见黑格尔对人类思维科学的贡献是多么巨大！

黑格尔是绝对唯心主义者。在本书中，黑格尔认为，每一种真正的哲学都是唯心主义。唯物唯心，孰是孰非，译者实在是不敢赞一词。不过译者以为，任何学说，只要能站得住脚，就有可取之处。试举一例。本书所阐述的原子说（atomic philosophy）认为，复杂现象是用一种固定不变的粒子所组成的集合体。古希腊哲学家巴门尼德（Parmenides，公元前515—?）即持原子说，而另一位古希腊唯物主义哲学家德谟克利特（Democritus，公元前460—公元前370）更是被公认为原子说的创始人之一。两千多年以前的人，没有今天的精密仪器，又如何证明粒子的存在？这岂不是唯心？然而原子说在现代物质结构的研究中已得到成功的应用，或者说现代的物质结构研究已证明原子说言之有据。如果说原子说是唯心主义，那么它也是站得住脚的唯心主义。黑格尔以绝对唯心主义著称，而且为人们所津津乐道，想必自有其站得住脚的理由。

黑格尔的学说博大精深，这本《小逻辑》即可见一斑。黑格尔是当之无愧的经典作家，这本书是当之无愧的经典著作。这本《小逻辑》是哲学著作，逻辑学谈的是思维，而哲学特有的思维又是思辨思维，因而阅读起来自然是对思维能力的极大挑战。不过挑战也会带来提高，作为读者，我们不妨勇敢地迎接这个挑战。

王义国

目　录

第一章　导言

1. 其他科学所具有的一种有利条件，哲学并不具有。哲学不能像其他科学那样，把意识所自然承认的事物当作其对象的存在依据，也不能假定，它不论是在开始还是继续时所采用的认知方法，是一种已经被接受了的方法。的确，哲学的研究对象总的看来与宗教相同。不论是在哲学还是在宗教当中，所研究的对象都是真理，这说的是真理的终极意义，即上帝就是真理，而且只有上帝才是真理。哲学和宗教都同样进一步处理自然和人类精神这两个有限的世界，处理它们彼此之间的关系，以及它们与对上帝的信念之间的关系。因而倘若除此之外没有别的原因的话，那么哲学就可以假定，甚至必须假定，它不但对它的研究对象有所了解，而且还对它们怀有某种兴趣；哲学可以甚至必须假定，就时间而言，早在精神形成对象的概念之前，精神就已经形成了对象的一般意象，而且只有通过这些精神意象并且求助于这些精神意象，进行思考的精神才能进而思考性地进行了解和理解。

但是随着对事物的这种思考性的研究的增加，立即就显而易见，能够使思维得到满足的，只能是表现出其事实的必然性，只能是证明其对象的存在，以及那些对象的性质和属性。这样一来，人们也就发现，我们对它们的最初的了解是不充分的。我们什么也不能假定，什么也不能教条地予以断言；我们也不能接受别人的断言和假定。然而我们却必须作出一个开端，而开端既然是最初的和非派生出来的，因而开端又成为一种假定，或者更确切地说它就是一种假定。这似乎就好像，要作出一个开端是不可能的。

2. 大体上，对事物的这种思考性的研究可以用作对哲学的一种描述。但这个描述又太宽泛了。如果说思维造成了人类与低等动物之间的区别，而且这样说又应该是正确的话，那么一切有人性的东西都能显示出人的本性，其唯一的而且又是简单的理由就是，这是思维的作用所带来的结果。另一方面，哲学又是一种奇特的思维方式——在这种思维方式当中，思维变成了知识，而且又是通过种种概念而变成知识的。因而不管这两种思维方式的同一性和本质上的统一性会是多么巨大，哲学的思维方式，还是要与那种作用于一切具有人性的事物、与那种作用于赋予人性以特性的一切事物的更为普遍的思维有所不同。而且这个不同又把自身与这个事实联系了起来，即意识的那些严格具有人性的，而且又是由思维引起的现象，一开始并不是以思想的形式出现，而是作为一种感觉，一种感知，或者精神意象而出现——所有这些方面都必须与严格意义上的思维形式区分开来。

有一种古老的先入之见，它已经演变成了一种微不足道的命题，按照这种先入之见的说法，人之异于动物的标志正是思维。尽管这种古老的信念可能是微不足道的，然而足够奇怪的是，在当今的某些先入为主的理念的面前，却必须回想起这个古老的信念。这些理念将会把感觉和思维远远地分离开来，使得它们成为对立面，而且将会把它们表述为敌对的，认为感觉，尤其是宗教感觉，据说被思维污染了，被思维曲解了，甚至被思维毁灭了。这些理念还强调，宗教和虔诚是由某种别的东西所产生出来的，并且依赖于某种别的东西，而不是依赖于思维。不过与此同时那些作出这种分离的人却忘记了，只有人类才具有拥有宗教的能力，而动物则既没有法律和道德，也没有宗教。

那些坚持认为宗教是与思维这样分离开来的人，通常在他们的脑海面前有这种可以称之为后思的思维。他们指的是“反思”思维，反思思维要处理的是作为思想的思维，并把思想带进意识之中。在思维方面，哲学无疑是作出了这个区别的，而人们对哲学所持有的最不加掩饰的异议和指责，就是认为它疏于感知到这个区别并疏于把这个区别考虑在内。人是拥有法律、宗教和道德的唯一生物——而这又恰恰因为会思维是他的天性。因而，在人类生活的这些领域里，思维以感觉、信念，或者笼统的意象为外衣，并不是不活跃的：它的行为和产品就出现在那里，被包含在那里。不过拥有这种感觉、拥有被思维所塑造出来并受到思维渗透的笼统的意象是一回事，拥有有关它们的思想又是另外一回事。在那些样式的意识上所作的后思所产生出来的思想，就是在反思中、在一般的推论等等中所构成的事物，也是在哲学本身的作用下所构成的事物。

对在一般的思维与哲学的反思思维之间的这个区别的忽视，也带来了另外一种误解，而且是更为频繁出现的误解。人们经常断言，这种反思是获得有关永恒和真理的一种意识和确定性的条件，甚至是获得这种意识和确定性的唯一途径。例如，（现在多少有些过时的）形而上学对上帝的存在所提出的那些证据，在当今看来，就好像有关那些证明的知识，以及对它们的真实性所怀有的一种信念，是唯一的和根本的手段，能够产生出认为上帝存在的一种信念和坚定的信仰。这样的学说，无异于认为在我们获得有关我们的食物的化学、植物学和动物学的知识之前，就不可能吃饭一般，也无异于认为，我们必须在研究完解剖学和生理学之后，才能够消化。倘若是如此的话，那么就实用性而言，这些科学就会像哲学在自己的领域里一样，在它们的领域里获得巨大的进展；事实上，它们的实用性就会上升到绝对的和普遍的不可或缺的高度。更确切地说，它们并不是不可或缺，而是会根本就并不存在。

3. 我们的意识所致力于处理的内容，不管是何种类型，就是构成了我们的感觉、感知、想象和理念的那些定性的特性，就是构成了我们的目的和责任的那些定性的特性，就是构成了我们的思想和概念的那些定性的特性。从这个观点来看，感觉、感知等等就是这些内容所采用的形式。内容仍然是完全一样，不管它们是被感觉到、看到、表示出来或者产生自意志，也不管它们是仅仅被感觉到，或者是掺和着思想被感觉到，或者只不过纯粹被感觉到。在这些形式当中的任何一个当中，或者在几个形式的掺和当中，内容都面对着意识，或者说内容就是意识的对象。但当内容这样成为意识的对象的时候，这几种形式的种种方式也就与内容发生了联系；结果它们当中的每一个形式似乎都产生了一个特殊的对象。这样一来，实质上相同的东西，就可能看起来像是一种不同种类的事实。

感觉、感知、欲望和意志这几种模式，就我们对它们的认识而言，一般被称之为理念（精神表现）；而且可以大体上说，哲学用思想、范畴，或者用更为精确的语言来说得恰当的概念，来取代我们通常称之为理念的那些一般化的意象。这样的精神印象可以被看作思想和概念的隐喻。但拥有这些有一定形状的概念，并不意味着我们明白了它们在智力上的意义，并不意味着我们明白了与它们相对应的思想和理性概念。逆命题也是一样，拥有思想和有智慧的概念是一回事，而知道是什么印象、感知和感情与它们相对应，则又是另外一回事。

这个区别将在某种程度上说明，人们所称之为的哲学的晦涩难懂究竟是什么。在一定程度上，人们的困难就在于没有能力进行抽象思维——而这种没有能力又只不过是习惯的欠缺；也就是说，没有能力掌握纯粹的思想并在纯粹的思想当中移动。在我们的惯常心态当中，思想穿上了当时的感官材料或者精神材料的外衣，并与当时的感官材料或者精神材料成为一体；而在反思、沉思以及一般的推论当中，我们把思想的混合介绍进感觉、感知和精神意象之中。（这样一来，在论题是感官所带来的结果——比如在“这片叶子是绿的”这样的命题当中，就有像存在和个体这样的范畴被介绍给了我们。）不过要使得纯粹而又简单的思想成为我们的对象，则又是一件迥然不同的事情。

但是人们之所以抱怨哲学晦涩难懂，同样也是由于另外一个原因，那就是一种迫不及待的愿望，想在他们面前拥有一个精神画面，在头脑当中那幅精神画面是一种想法或者概念。当要求人们领悟一个概念的时候，他们往往抱怨，并不知道有什么可思考的东西。但实际上，在一个概念中，并没有超出概念之外的东西可以考虑。这个说法所揭示出来的，是对一个我们已经熟悉的意象的追求。当不准头脑使用它熟悉的理念的时候，它也就感到，它所曾经坚定而又舒适地处于的那个领域被釜底抽薪了，而当头脑被带入纯粹思维的领域的时候，它又无法说出那个领域究竟在什么地方。

这个弱点所带来的一个后果，就是人们发现，当作家、牧师和演说家谈到他们的读者或者听众已经烂熟于心的事情——也就是后者熟悉、并不需要解释的事情的时候，他们的话是最明白易懂了。

4. 这样一来，哲学家也就须考虑到思维的通俗模式，考虑到宗教的对象。我们看到，在处理思维的普通模式的时候，哲学家首先须证明，他的奇特的认识方法是必要的，他几乎须唤醒这种必要性。在处理宗教的对象的时候，以及在处理作为一个整体的真理的时候，哲学家将须表明，哲学有能力用其自身的力量来领悟它们；而如果与宗教概念的一种差异显露了出来，他就须为分歧之处辩护。

5. 为了向读者对这样造成的区别作一个初步的解释，并让读者同时看到，当我们的意识的真正含义被解释成思维的形式和理性的概念的时候，我们的意识的真正含义被保留了下来，甚至是第一次被恰当地说明了，那么也许最好还是回想起又一个这种旧的非理性信念。这个信念就是确信，要获得任何对象或者事件的真相，甚至是获得感觉、感知、见解和精神理念的真相，我们也必须予以认真考虑。无论如何，对事情认真考虑起码都是把感觉、普通的理念等等转变成思想。

造化给了每一个人一种进行思维的能力。但哲学又声称，适合于她的使命的那种形式全都在于思维：这样一来，那种无视在第 3 小节中所阐明的那种区别的不适当的见解，也就导致了一种新的错觉，也就是走向了前面所提到的对哲学之晦涩难懂的抱怨的反面。换句话说，这种科学必须经常忍受下述轻慢，即听到那些甚至从未在哲学上下过工夫的人谈起话来，好像他们完全懂得哲学的一切似的。他们的准备不超过一种普通的教育，便毫不犹豫地作哲理推究，批评哲学，在受到宗教情感影响的时候尤其是如此。每一个人都承认，要了解任何一种别的科学，你都必须首先学习它，而且只有凭借这种知识，你才能声称具有对它表达出一种判断的权利。每一个人都承认，尽管每一个人自己的脚上都有一个样品，但要做鞋子，你却必须已经学到并练习了鞋匠的技艺，并且在手中拥有所要求作出的操作所需要的天赋。但似乎可以想象，唯有对哲学而言，这样的学习、用心和应用根本就不必要。

这种对哲学家所作出的要求的令人欣慰的见解，最近由于直接知识或者直觉知识的理论，而得到了证实。

6. 有关哲学知识的形式就谈这么多。从另一方面来说，同样可取的是，哲学应该明白，它的内容恰恰就是现实性，还应该明白，真理的核心，最初是在精神生活的领域之内被创造出来又创造出自身，又变成了意识的世界，变成了意识的内在的和外在的世界。起初，我们在我们称之为经验的事物中意识到这些内容。但当经验审视内在存在和外在存在的宽广领域的时候，甚至经验也有足够的判断力，能把转瞬即逝和毫无意义的单纯现象，与本身就真正配得上现实性的名称的事物区分开来。对于这种相同的存在的认识，哲学与其他的认识方式仅有形式上的区别，而既然如此，哲学也就必然是与现实性和经验达到了和谐。事实上，这种和谐起码可以被看作是检验哲学真理的一种非本质的手段。同样，可以认为，哲学科学的最高和最终的目的，就是通过对这种和谐的确定，而带来自我意识的理性与本身就存在于这个世界之中的那种理性的一种调和——换句话说，就是带来自我意识的理性与现实性的一种调和。

在我的《法哲学》一书的序言里，第十九页，有下述命题：

合理的就是现实的；

现实的就是合理的。

这两句简单的话，已经招致人们表达出惊讶和敌意，这种惊讶和敌意甚至见于某些方面的人士，他们认为，假设哲学不存在就是一种侮辱，而假设宗教不存在那就更是侮辱了。起码不需要把宗教拿来用作证据，因为宗教有关神对世界的统治的教义已经过于明白无误地肯定了我的这两个命题了。就这两个命题的哲学意义而言，我们必须预先假定，我们有足够的智力知道，上帝不仅是现实的，而且是最高的现实，只有上帝才是真正现实的，而且，就这个问题的逻辑意义而言，存在在某种程度上只不过是现象，只有在某种程度上是现实的。在日常生活中，除了任何一种堕落和转瞬即逝的存在之外，任何一个怪异的想象，任何错误、邪恶，以及具有邪恶性质的每一个事物，都是以一种漫不经心的方式获得了现实性的名称。但即使我们的普通感觉，也足以禁止一种漫不经心的（偶然发生的）存在获得一个现实事物的引人注意的名称，因为我们所说的“偶然发生”，就是一种并不比某个可能的事物的存在更有价值的存在，它可能存在，也可能并不存在。至于现实性这个术语，这些批评家如果用我对其使用的意义来考虑它的意义的话，那就好了。在一部详细的《逻辑学》里，我在其中就处理了现实性，并且精确地作了区分，不仅把它与偶然发生的事物区分开来，毕竟偶然发生的事物还是具有存在的，而且还把它与存在的种种同源的范畴以及存在的其他变体区分了开来。

理性事物的现实性遭到了大众想象力的反对，大众想象力认为，理念和理想只不过是幻想，而哲学则不过是这种幻觉的一个体系而已。理性事物的现实性还遭到了那种非常不同的想象的反对，那种想象认为，理念和理想是某种太优秀的东西，因而不能具有现实性，或者说是某种太虚弱的东西，因而不能亲自获得现实性。在理念与实在之间的这个分离，对于分析性的知性来说尤为珍贵，因为分析性的知性把自己的抽象概念看作某种真实而又真正的东西，尽管它自己的抽象概念是梦想；分析性的知性又以那个专横的“应该”为荣，它甚至在政治领域里作出规定的时候尤其乐于用“应该”一词。那就好像世界在伺候着它，以便知道它应该是什么样子，结果却并不是那个样子！这是因为，如果它是它应该的那个样子，那么那个“应该”的早熟的智慧又会产生出什么东西来呢？当知性用这个“应该”来对付琐碎的外部现象和转瞬即逝的对象，对付对特定的时间和特殊的阶层来说相对而言非常重要的社会规章和社会状况的时候，它可能经常是正确的。在这种情况下，聪明的观察家就可能遇见大量没有能够满足正确的一般要求的东西，因为又有谁不是敏锐得足以看到在他本人环境中，有大量的东西实际上与其应该成为的样子相去甚远呢？但这种敏锐却又错在自负上，因为当它检查这些对象并宣称它们应该是什么样子的时候，它所处理的是哲学科学的问题。哲学的对象是理念：而理念却并非虚弱得仅仅拥有存在的权利或者责任，而又实际上并不存在。哲学的对象是一种现实性，而那些对象、社会规章和社会状况，则只是那种现实性的肤浅的外表。

7. 这样一来，反思——深思熟虑——一般说来也就包含了哲学的原则（原则在这里也兼有开端之意）。在现代，也就是路德宗教改革[①]之后，当反思的精神再次独立兴起的时候，它并不像起初在古希

① 路德（Martin Luther，1483—1546），德国人，16 世纪欧洲宗教改革运动发起者。

腊人当中那样，仅仅是在一个自身的世界里孤芳自赏，而是立即让自己的能量也转向现象世界的显然无穷无尽的材料。以这个方式，哲学这个名称进而被应用在知识的所有那些分支上，它们着力于确定在以经验为依据的个体所组成的海洋中的标准和共相①，同时也要确定在无穷无尽的偶然事物的明显紊乱当中可以发现的那种必要的成分，或者说是法则。这样一来，似乎就是当外部世界和内部世界都直接出现在观察者面前的时候，现代哲学从我们自己对外部世界和内部世界的观察和感知中获得了材料，从大自然以及人类的心灵中获得了材料。

这个经验原则带来了那种无法形容的重要状况，因而为了接受并相信任何事实，我们必须与它接触，或者用更精确的话来说，我们必须发现，那个事实是与我们本身的自我的确定性合为一体，结合起来的。我们必须接触我们的论题，不管是通过我们的外部感官来接触，还是通过我们的更深刻的精神和亲密的自我意识来接触。——这个原则，与当前被称之为信念、直接知识、在外部世界中的启示相同，尤其是与在我们自己的内心中的启示相同。

那些因此获得了哲学这个名称的科学，我们将它们称之为以经验为依据的科学，其原因就是，它们是从经验出发的。然而，它们旨在带来并提供出来的本质上的结果，却是法则、一般的命题、一种理论——也就是对所发现的现存事物的见解。由于这个原因，牛顿的物理学被称之为自然哲学。另一方面，雨果·格劳秀斯②把历史上所记载的国家之间的行为汇总在一起，进行比较，又在一般推理的普通方法

① 共相（Universal），哲学术语，在黑格尔哲学中特指“具体的普遍”。

② 格劳秀斯（Hugo Grotius，1583—1645），荷兰著名政治家、法学家、神学家和人文主义者。

的帮助下，从而成功地制定出了某些普遍原则，并且确立了一种可以被称之为国际法哲学的理论。在英国，这仍然是哲学这个术语的通常含义。牛顿现在仍然被颂扬为最伟大的哲学家，哲学这个名称甚至一直沿用到工具制造者的价目表里面。所有那些并不能特别归类于有磁性的器械或者电器的工具，比如温度计和晴雨表，都被称之为哲学工具。① 想必仅仅是木头、铁等物的一种结合，是不应该被称之为哲学的工具的。尤其是新近兴起的政治经济学这门科学，它在德国被称之为理性的国家经济学或者明智的国家经济学，而在英国甚至占用了哲学这个名称。②

8. 在其自身的领域里，这种以实际经验为依据的知识可能在开始的时候令人满意，但又可以看到，它在两个方面令人失望。首先，还有一个范围的对象并没有涵盖进去。这些对象就是自由、精神和上帝。它们属于一个不同的领域，这并不是因为可以说它们与经验毫无

① 汤姆森所编辑的那本杂志，也称之为《哲学年鉴，又名化学、矿物学、力学、自然史、农学以及艺术杂志》。从标题我们就能轻易猜出，在这里“哲学”这个术语应该理解为何种学科。最近在刚刚出版的图书广告当中，我在一份英国报纸中发现了下述启事：“基于哲学原则的护发艺术，八开本精印，定价七先令。”所谓护发的哲学原则，大概指的就是化学原则或者生理学原则。——原注。

② 有关政治经济学的一般原则，“哲学的”这个术语频频发自英国政治家的口中，甚至在他们的公开演讲中也是如此。1825 年 2 月 2 日，在下议院，布鲁厄姆在对王室的发言作答时，谈到了“自由贸易的有政治家风度的和哲学的原则——那些原则毫无疑问是哲学的，国王陛下今天因为这些原则被接受而祝贺下议院”。这种语言也并非仅限于反对党的成员。在同一个月，船主们举行了年度会餐，聚会的主席是首相利物浦伯爵，又得到了国务大臣坎宁的支持，以及陆军主计总监 C · 朗爵士的支持。在这次会餐中，在为祝酒作答时坎宁说道：“一个时期刚刚开始，大臣们有权把一种深刻的哲学的正确的基本原理应用到这个国家的治理上。”在英国哲学和德国哲学之间可能存在差异：但鉴于在别的地方哲学这个名称只是被用作一种绰号和侮辱，或者被看作某种令人作呕的东西，因而看到在英国政府官员的口中，哲学仍然受到尊重，也就令人欢欣鼓舞了。——原注。

关系，因为尽管它们当然并不是感官所能体验到的，但说在意识中的不管什么东西都是体验到的，也完全是一种相同的命题。之所以要把它们归属于认知的另外一个领域，其真正的原因就是，在它们的范围和内容当中，这些对象显然把自己表现为无限。

有一句老话，人们往往误以为是亚里士多德所说，据说它表达了亚里士多德哲学的总的要旨："思维中的一切无不见于感官（Nihil est in intellectu quod non fuerit in sensu）。"如果思辨哲学拒不承认这个基本原理，那也只能是出于一种误解。然而，反过来也同样可以断言："感官中的一切无不见于思维（Nihil est in sensu quod non fuerit in intellectu）"。这句话可以有两种解释。在广义上，它的意思是，心灵（νου）或是精神（即 νου 在现代思想中的更深刻的意义），就是世界的起因。在狭义上（参见第 2 小节），它断言，有关正义、道德和宗教的情感，是一种具有这种范围和这种特点的情感（而且这样一来也就是一种经验），因而它就能够只是产生于思维并依赖于思维。

9. 不过其次，就形式而言，主观的理性所希望得到的，不止是以经验为依据的知识所能带来的满足，而这个形式，在这个术语的最广泛的意义上，就是必然性（参见第 1 小节）。以经验为依据的科学的方法展现出了两个瑕疵。第一个瑕疵就是，它所包含的普遍原则或者一般原则，属[①]，或者种类等等，由于其自身的原因，也就不明确、模糊，并因而并不是由于其自身的原因而与特殊事例或者细节联系起来。两者之间的关系，都是外在的和偶然的，而且被带进这个结合之中的特殊事实也是同样：每一个事实与其他事实之间的关系，也是外

① 属（genus），逻辑学术语。一类事物包含另一类事物时，前者是后者的属，如科学是自然科学的属。属同种（species）相对。

在的和偶然的。第二个瑕疵就是，在每一个情况中，起因都是论据和假设，它们既没有得到解释也没有被推断出来。在这两点上，必然性的形式都没有能够得到它应得的东西。所以反思，每当它着手补救这些瑕疵的时候，也就变成了思辨思维，也就是哲学特有的思维。哲学思维是反思的一个种类，尽管它与已经提到的那种反思的性质有某种共性，然而又与那种反思不同，因而哲学思维除了拥有那些共同的形式之外，还拥有其自身的某些形式，那些形式的概念可以看作是类型。

思辨科学与其他科学之间的关系，可以用下述话语陈述出来。它一点也没有忽视在那几种科学中所包含的以经验为依据的事实，而是承认它们、接受它们。它领会在这些科学中的那个普遍成分，领会这些科学的法则和类别，并将其应用到自身的结构中去。不过除了所有这一切之外，它还把别的范畴介绍进科学的范畴，并让那些范畴流行起来。这样看来，区别也就仅仅是范畴上的一种改变。思辨逻辑包含着以前的所有逻辑和形而上学：它保留了相同的思维形式、相同的法则和对象——与此同时又用更广泛的范畴重新塑造和扩展它们。

我们应该把一般所称之为的概念，与在思辨意义上的概念区分开来。有这样一句话，即任何概念也无法领悟无限，这句话被一再重复，现在已经成为格言了，而这句话的基础就是对概念的意义的这种狭义的估计。

10. 有人提出，这种思维就是哲学知识的工具，而这种思维本身就要求进一步予以解释。我们必须明白，它是以什么方式拥有了必然性或者说服力。而当它声称能胜任领悟绝对对象（上帝、精神、自由）的任务的时候，那个声称也就必须被证明是有根据的。然而，这样的一种解释本身就是哲学中的一课内容，它实际上就在这门科学的范围之内。作出一种要把事情说清楚的初步尝试，就会有失哲学本色，这种尝试就会由假设、断言以及推论上的赞成和反对所构成，也就是由教条所构成，而没有说服力，因为针对这种教条的反教条也会有一种同样的权利。

批判哲学中的一条论证主线，令我们在进而探究上帝或者事物的真正存在之前踌躇起来，这条主线告诉我们，应该首先检查认知能力，看它是否有能力作出这样一种努力。康德说，我们应该熟悉工具，然后再从事运用这个工具所做的工作，这是因为，如果工具是不充分的，那么我们所花费的一切气力都是白费。这个建议看上去有理的地方，为它赢得了普遍的赞同和敬佩，其结果就是让认知偏离开对其对象的兴趣以及对其对象的研究的专注，而让认知返回到认知本身，这样一来也就把认知变成了一个形式的问题。除非我们希望被话语欺骗，否则就能轻易看出，这实际上是什么意思。就其他工具的情况来说，我们能够试图用别的方式批评它们，而不是通过着手做这些工具注定要做的特殊工作来批评它们。不过对知识的检查，却只能够通过知识的行动来完成。检查这种所谓的工具，与认识它是同一回事情。但在我们知道之前寻求知道，就像斯科拉斯提库斯①的聪明决心一样荒诞，那就是在没有学会游泳之前，不要冒险下水。

莱因霍尔德②看到了可以归咎于这种风格的开端所带来的混乱，

---

① 这里的斯科拉斯提库斯，应该指埃瓦格琉斯·斯科拉斯提库斯（Evagrius Scholasticus）。埃瓦格琉斯是公元6世纪时期的基督教历史学家，出生于叙利亚，先是从事法律，从而获得了斯科拉斯提库斯这个专门用于律师的姓氏。

② 莱因霍尔德（Karl Leonhard Reinhold，1757—1823），奥地利哲学家。

并且试图从哲理推究的一个假设的和盖然性的阶段开始，从而摆脱这个困境。他提出，以这种方式是有可能继续下去的，虽然谁也说不出是怎样继续的，最后我们就发现，再继续下去我们就来到了原始真理。仔细探究起来，就可以看出，他的方法与一种非常普通的方法并无二致。它从由经验得来的事实的基础出发，或者从一种被带进一种定义的临时臆断出发，然后又进而分析这个出发点。在莱因霍尔德的论证当中，我们能够发现对真理的一种感知，也就是说，从臆断和预期出发的这个通常的路线，绝非好于一种假设的和盖然性方式的步骤。但他对这一点的感知并没有改变这种方法的性质，它只是使得这种方法的瑕疵清晰起来。

11. 那些要求哲学能够存在的特殊条件，可以被这样描述出来。心智或者精神，当它有感觉力或者有洞察力的时候，也就在某个感官方面的事物中找到了其对象；当它进行想象的时候，也就在一幅图画或者一个意象中找到了其对象；当它运用意志的力量的时候，也就在一个目标或者目的中找到了其对象。但与其存在和其对象的这些形式形成对照的，或者说可能只是不同的，就是心智还要满足其最高的和最内在的生活的渴望。那个内心深处的自我就是思维。这样一来，心智也就使得思维成为它的对象。就这句话的最好的内涵而言，它来到自我了，因为思维是它的原则，是它的纯粹的自我本身。虽然思维是这样忙碌着，但它又与种种矛盾纠缠在一起，也就是说，它在其种种思想的不容改变的非同一性当中失去了自我，因而它并不是达到了自我，而是在其对应物当中被缠住了，固定住了。诚实但又狭隘的思维使得纯粹的理解走向了这个结果，这个结果又遭到了我们所谈到的那种更为崇高的渴望的抵抗。那种渴望表现出了思维的韧性，它继续忠实于自己，即使在这样有意识地失去其当然的安宁和独立的时候，“它也可能取胜”，本身就想出解决自己的矛盾的办法。

逻辑学的主要课程之一，就是要看到，思维就其本性来说是辩证的，而且作为知性，思维也一定会陷入矛盾之中——陷入对自身的否定。当思维变得没有希望，不能通过自己的手段，来解决它由于自己的行动而给自己带来的矛盾的时候，它就返回来求助于对问题的那些解决办法，心智已经懂得用那些解决办法以其某些别的方式和形式来安抚自己。然而不幸的是，就像柏拉图甚至当时就注意到的那样，思维的退却却把思维带到了一种非常无缘无故的对推理的厌恶（说理嫌忌[①]），然后它又着手反对自己所作出的努力，对自己所作出的努力的敌视态度的一个例子，见于这种学说，即所谓的“直接”知识，是那种我们用来认知真理的排他的形式。

12. 哲学的兴起，是思维的这些渴望带来的结果。它的出发点是经验，这个名称下面所包括的，既有我们的直接意识，又有从我们的直接意识作出的归纳。思维可以说被这个刺激唤醒了，它的极其重要的特性，就是把自己提高到心智的自然状态之上，提高到感官以及从感官得出的推论之上，进入其自身的纯粹的成分之中，并且相应地在开始的时候就对它的出发点采取了一种超然的、否定的态度。通过对感官现象的这种敌对状态，它的最初的满足就见于它自身，见于有关这些现象的普遍本质的理念：这是一种可能或多或少是抽象的理念（绝对事物或者上帝）。另一方面，与此同时那些以经验为基础的科学又给心智施加了一种刺激，以克服它们的各种各样的内容被呈现出来

① 说理嫌忌（misology），心理学术语，亦译辩论嫌忌，知识嫌忌。

时所采用的形式，并把这些内容提高到必然的真理的层次。这是因为科学的事实具有一个巨大的混合体的外观，一件事情与另一件事情一起出现，好像它们只不过是被提供和呈现出来似的——简言之，好像全然没有本质的或者必要的联系似的。因为这个刺激的缘故，思维从它的没有实现的普遍性中被拖拽了出来，从其想象的或者仅仅是可能的满足中被拖拽了出来，并被推动着走向从其自身出发的一种发展。一方面，这个发展只是意味着，思维吸收了科学的内容，那是科学所提供的所有专业细节的内容。而另一方面，它又使得这些内容模仿最初的创造性思维的行动，并且呈现出了只是被事实的逻辑所确定的一种自由进化的外观。

有关在意识中的“无中介性”与“中介”① 之间的关系，我们将在后面谈，而且将明确而又更详细地谈。这里也许说出这个前提也就足够了，即尽管种种因素的这两个“环节”把自己展现为是不同的，然而它们当中的哪一个也不能缺少，而且谁也不能独立存在。这样一来有关上帝的知识，就像有关每一个超感觉的实在的知识一样，就其真正的性质而言是一种超越感觉和感知的提高：因而它也就包含对感官的最初资料所持有的否定态度，而且在那个程度上意味着起中介作用②。这是因为起中介作用，就是把某件事情当成开端，并前往第二件事情；这样一来这第二件事情的存在，也就依赖于我们从通过对比而有别于它的某件事情出发，而与它建立了

① 无中介性（immediacy），基本意义为直接性。作为哲学术语，指不靠观察、推理或经验等中介即可获得知识的无中介性，亦译为直观性，直觉性。中介（mediation），指在初期刺激或观念与其最后结果之间的观念或意向的插入。

② 起中介作用（to mediate），也就是通过中介作用促成某种结果。

联系。尽管如此，有关上帝的知识，却绝非依赖于意识的以经验为依据的阶段的单纯的后果，事实上，它的独立在本质上是通过这种否定和提升获得的。毫无疑问，如果我们认为中介这个事实具有不公正的声望，并且把它展现为暗示着一种受到制约的状态，那么就可以说，并不是这句话会有重大意义——哲学就是经验的孩子，它的兴起归因于一个凭经验的（posteriori）事实。（事实上，思考始终就是对直接在我们面前的事物的否定）。然而也可以同样真实地说，只要如果没有食物就不能吃饭，那么我们吃饭就是因为有食物。如果我们持有这个见解的话，那么吃饭就当然被展现为吃力而不讨好，因为吃饭吞下了它应该感谢的食物。按照对思考的行动的这种见解，思考也同样是吃力而不讨好的。

然而思维还有一个先验（a priori）的方面，在这个方面当中有这样一种中介，它不是由外部的任何东西造成的，而是由一种进入到自我中的反思造成的，我们通过这个中介，就拥有了那种作为普遍性的无中介性，思维也就自我满足起来，思维太自我感觉良好了，因而感到有一种固有的冷漠，不愿自贬到特殊性当中，并且以这种方式对其本身天性的发展态度冷漠。宗教也是如此，不管它究竟是原始的还是复杂的，也不管它究竟是充满了细节的科学精确性，还是被限制在心灵的简单信念之内，它始终都拥有同样强烈的满足和幸福的性质。但如果思维永远也不能超越理念的普遍性，最早的哲学家们的情况就只能是如此（信奉爱利亚学派[①]哲学的人从

① 爱利亚学派（Eleaticism），古希腊最重要的哲学派别之一，取名于意大利南部希腊人聚居地爱利亚城，鼎盛时期约在公元前5世纪，主要代表人物有色诺芬、巴门尼德和芝诺等。

来就没有超越存在，赫拉克利特[①]从来就没有超越转化)，那么思维也就被公正地指责为形式主义。即使在哲学的一个更为高级的阶段里，我们也可能经常发现有这样一种学说，它只不过是掌握了某些抽象的命题或者界说，例如“在绝对中一切皆是一”，“主体与对象是同一的”，——而在涉及到具体事例的时候，又只是重复同样的事情。如果记住思维的这第一个阶段，也就是单纯的普遍性的阶段，我们就可以有把握地说，经验是哲学中的成长和推进的真正创造者。这是因为，首先，以经验为依据的科学并不会停止在仅仅对一个现象的个别特色的观察上。在思维的帮助下，以经验为依据的科学能够用为哲学准备出来的材料来迎接哲学，那些材料呈现出了普遍的统一性的形式，也就是法则，以及对该现象的分类。在做到这一点的时候，以经验为依据的科学所包含的特殊事实也就做好了准备，要被接受进哲学之中。其次，这还暗示着对思维自身的某种强迫作用，迫使思维走向这些具体的特殊真理。既然思维已经去掉了这些科学材料的无中介性，使得它们不再仅仅是论据而已，因而这些科学材料被接受进哲学，也就同时形成了思维从自身出发的一种发展。这样一来，哲学的发展也就归因于这些以经验为依据的科学。作为回报，哲学把对那些科学来说是极其重要的东西给予了那些科学的内容，那极其重要的东西就是思维的自由——简言之，把一种先验的（priori）性质给予了那些科学。这些被这样发现并被体验到的内容，现在成了有充分理由的必需品，并且不再仅仅依赖于事实所提供出来的证据。这样一来，被体验到的事实，也就变成了

① 赫拉克利特（Heraclitus，约公元前540～约公元前470年），古希腊唯物主义哲学家，辩证法奠基人之一。

思维的最初的和完全自立的活动的一个说明和一个复制品。

13. 确切地说，这就是哲学的起源和发展。但哲学的历史又从一种历史的和外在的观点，为我们提供了那种相同的过程。在那里，理念的进化中的各个阶段似乎是偶然地彼此跟随，并且似乎只是展现出若干个不同而又不连贯的原则，而哲学的那几个体系又以其自己的方式实行着这些原则，但并非如此。在这几千年的岁月里，是同一个建筑师在指导着这项工作，那位建筑师就是那一个活着的心智，它的天性就是思考，就是把存在的事物带给自我意识，而且由于它的存在被这样安排为在它面前的一个对象，它也就同时被抬高到对象之上，并从而达到了它自己的存在的一个更高的阶段。因而，哲学的历史所展现出来的这些不同的体系，也就与统一性不相容。我们或者可以说，它是在不同程度的成熟中的一个哲学；或者可以说，作为每一个体系的基础的那个特定的原则，只不过是思维的同一个领域的一个分支而已。在哲学中，在时间上最晚出的体系，就是先于它的所有体系所带来的结果，而且必须把先于它的所有体系的原则包括进去，因而，如果根据别的理由，这最晚出的体系配得上哲学这个头衔的话，那么它就将会是所有体系中最充分、最无所不包、最适当的体系。

鉴于哲学体系数量众多而又多种多样，因而也就有必要更精确地界定共相与特殊的关系。当共相变成一种单纯的形式，并与特殊性相协调，好像是在相同的层次上的时候，共相也就渐渐变成一个具体事例本身。甚至在日常事务中的常识，也不会荒唐得把共相放在具体事例的旁边。凡是想要水果的人，难道会因为它们是樱桃、梨或者葡萄，而不是水果，而拒绝樱桃、梨或者葡萄吗？但是当谈论哲学的时候，许多人的借口就是，种种哲学是如此不同，它们当中的哪一种也不是哲学本身——每一种仅仅是一种哲学。人们想当然地认为，这样一种托词能够证明对哲学的任何数量的轻视都是有理的。然而樱桃也是水果，一种以共相为原则的体系，也经常与另外一种以特殊为原则的体系处于同一水平，与根本就否认哲学的存在的理论处于同一水平。这样的体系据说只不过是有关哲学的不同见解而已。这就等于说，光明与黑暗可以被称之为不同种类的光。

14. 展现在哲学史中的思维的那种相同的进化，被呈现在哲学体系自身。在这里，我们并不是像在历史中所做的那样，从外部来审视这个过程，而是看到，思维的运动在其天生的媒介中被清晰地界定了出来。思维由于是真正的和自立的，也就必须在本质上是具体的，它必须是一种理念，当从其普遍性的整体来看的时候，它就是理念本身，或者说就是绝对事物。有关这个理念的科学一定会形成一种体系，这是因为真理是具体的。换句话说，虽然真理给统一性提供了一种约束力和原则，但它也拥有发展的一种内在来源。这样一来，真理只有在当作思维的一种领域或者总体时才可能存在，而且完整的体系的自由，以及它所必然包含的那几种分支的必要性，只有在这些得到了分辨和界定的时候才可能存在。

哲学如果不是一种体系，就不是一种科学的产品。无体系的哲理推究，只能可望表达出心智的个人特性，而并没有为对其内容的制约提供出原则。哲学的真理如果不是表现出这些真理的互相的依存和有机的结合，就没有价值，也就因而必须被看做无根据的猜想或者个人的信念。然而许多哲学专著，却又是仅限于对作者的见解和情感作这样一种阐述。

体系这个术语往往被误解了。体系并非表示一种其原则是狭隘的、应该与别的原则区分开来的哲学。相反，一种真正的哲学，是把将每一个特殊的原则都包括进去当作原则。

15. 哲学的每一个组成部分，都是一种哲学的整体，是一个全面的、自身就完整的圆圈。然而，在这些部分的每一个部分之中，哲学的理念见于特殊的规定性或者媒介之中。这个单一的圆圈，由于是一个真正的整体，也就冲破了它的特殊的媒介所强加的限制，并导致了一个更大的圆圈的产生。这样一来，哲学的整体也就类似于一个由圆圈构成的圆圈。理念出现在每一个单一的圆圈里，但同时整个理念又是由这些特殊阶段的体系所构成，而每一个阶段又是这个组织的一个必要的成员。

16. 这本逻辑学由于采取的是一种百科全书的形式，因而没有余地对种种特殊性作详尽的阐述，而是必须限于阐明种种特殊科学的开端，阐明在那些科学中最为重要的种种概念。

究竟需要多少特殊的部分，才能构成知识的一个特殊分支，迄今尚不确定，因而那个部分如果要成为某个真实的东西，就必须不仅仅是一个孤立的成员，而是自身就是一个有机的整体。因而哲学的整个领域也就真正形成了一门单一的科学，但哲学也可以被看作一个由几门特殊的科学组成的整体。

不可把哲学的百科全书与普通的百科全书混为一谈。普通的百科全书不敢自诩超过对种种科学的一种集成，它并不是用原则来使之条理化，而仅仅是按照经验所提供出来的样子把它们聚集起来。有时普通的百科全书甚至包括了徒有科学之名的东西，而那些东西却只不过些许信息的聚集而已。在这样的集成当中，知识的几个分支在百科全书中的地位，也就取决于外在的原因，而它们的统一性也就因而是人为的，它们是被整理了起来，但我们却不能说它们形成了一个体系。由于相同的原因，尤其是在要被组合起来的材料也并非依赖于一个规则或者原则的时候，这个整理充其量就是一种试验，并且总是能够展现出不平衡。

哲学的百科全书排除了三种局部性的科学。一，它排除了对些许信息的单纯聚集。语文学[①]在其不言而喻的（prima facie）方面，即属于这个类型。二，它摒弃伪科学，伪科学只是建立于武断的意志所作出的行动上，例如纹章学[②]便是如此。这一类科学从头到尾都是实证的[③]。三，也有别的被称为实证的科学，但它们却有着理性的基础和理性的开端，这类科学的理性部分属于哲学，它的实证方面，则属于这类科学特有的范围。

在这最后一个类型的科学中，实证成分有不同的种类。

（一）它们的开端，尽管实质上是理性的，但当它们不得不让它们的普遍真理与实际上的事实和经验的单一现象相接触的时候，却屈服于偶然性的影响。在这个带有机会和变化的领域中，科学的差强人意的概念必须把它的位置让给理性或者解释的理由。这样一

① 语文学（philology），语言学的旧名，尤指历史和比较语文学。

② 纹章学（heraldry），即研究（盾形）纹章或者盾徽的学问。贵族家庭、镇议会和大学用盾徽作为标志。

③ 实证的（positive），哲学术语。实证是一种思维体系，它以能够被经历和证明的真正的事实为基础，而不是以精神中所形成的理念为基础。在黑格尔之后，法国人孔德（Auguste Comte，1798—1857）创立了实证哲学，认为科学的事实是知识的基础，是真理的唯一有把握的来源，而且通过对现象的研究，而不是通过对终极原因的寻找，就可以找到解决宇宙的种种问题的方法。显然，实证主义是与黑格尔的绝对唯心主义相对立的。

来，比如在法学中，或者在直接的和间接的征税的体系中，就有必要把位于被纯粹的概念所规定的绝对界线的能力之外的某些要点精确而又清楚地确立下来。在确立的过程中还相应地留出了某种回旋余地：每一个要点都可以根据一个原则，以一种方式被确定下来，又根据另外一个原则，以另外一种方式被确定下来，并且不容许有决定性的确定性。同样，有关自然的理念在被详尽地分成若干部分的时候，也就分散开来，成为种种偶然性。博物学、地理以及医学，是偶然地发现了对存在的描述，发现了各种各样的种类和区别，它们并不是被理性所确定的，而是被突变和偶然事件所确定的。甚至历史也属于这同一个范畴。理念是历史的本质和内在的性质；但按照其表现出来的样子来说，每一件事情都受制于偶然性，都处于自愿的行动的领域之中。

（二）这些科学之所以是实证的，也是因为它们未能认出它们所阐述的命题的限定性质，而且未能指出，这些范畴以及它们的整个领域是怎样过渡到一个更高的层次。它们想当然地认为，它们的说法拥有一种不容申诉的权威性。在前一个情况中缺点在于命题的内容，这里缺点就在于形式的限度。

（三）紧紧随之而来的是，种种科学由于它们的结论所依赖的理由并不充分，因而也是实证的：因为它们的基础，实际上是分离而又偶然的推论，是感觉、信念以及权威，而且一般说来，它们的基础是内在感知和外在感知的理解力。我们还必须把提出要以“人类学”、意识的事实、内在的感觉或者外在的经验为理论根据的哲学，划归入这一类。然而有可能发生的事情就是，“以经验为依据”是一种只能应用于科学阐述的表述，而具有直觉性质的洞察力则是按照这个概念的本质的顺序，把单纯的现象安排了出来。在这样一种情况中，在被聚集在一起的各种各样而又数量众多的现象之间的对照，也就用来排除它们的条件中的外部的和偶然的情况，而这样一来共相也就清楚地出现在眼前。在这样一种直觉的指引下，就像历史学将会把人类事务和行动的科学显示出来一样，实验物理学将会把自然的理性科学，显示在一幅反映了哲学概念的外部画面之中。

17. 也许似乎哲学为了能够开始走向进程，而就像其他的科学一样，也以一种主观的预想开始。那些科学将它们各自的对象作为公设，例如空间、数字，或者可能是的不管什么东西；而且可以认为，哲学也不得不把思维的存在作为公设①。但这两种情况严格地说并不是平行的。正是凭借着思维的自由行动，思维才使用了一种自为的观点，并从而把其自身的产品的对象给予了它自己。而且这也并非一切。那个观点本身，原先只是靠着其自身的证据才被人们接受，则必须在这门科学的进程中转化为一种结果——那是终极的结果，在那个终极的结果里，哲学又返回到自我，来到它的起点。这样一来，哲学也就俨然是一个自己返回到自己的圆圈，并且没有与别的科学同样意义的开端。说哲学拥有一个开端，只对打算开始研究哲学的人有意义，而对作为科学的哲学来说并没有意义。同样的事情或许可以这样表达出来。科学的概念——也就是我们因而用以开始的那个概念，恰恰由于它是最初的，它也就暗示着在思维与主观的哲理推究之间的一种分离，思维是我们的对象，主观的哲理推究好像是外在于思维，因

① “公设”（postulate），逻辑学用语，也可译为“假设”。“把思维的存在作为公设”，就是“假设或者假定存在着思维”。

而也就必须由科学本身来予以掌握和领悟。简言之，这就是哲学的那一个唯一的目的、活动和目标，也就是要获得其概念的概念，并从而获得其回报和其满足。

18. 既然整个科学，而且也只有整个科学，才能够展现出理念或者理性体系是何物，因而也就不可能以一种初步的方式，说出对一种哲学的一般印象。把哲学分成若干个部分，除非是与体系有关，否则也只能是令人费解的。一种初步的划分，就像初步的划分所来自的那种有限的构想一样，只能是一种期望。然而这里的前提就是，理念原来就是那个与自身相认同的思维，而且并不是纯粹在抽象概念上相认同，而是也在使自身与自身对立的活动上相认同，为的是获得一种自身的存在，然而那种存在又在这个对立面之中充分拥有了自己。这样一来，哲学也就被细分为三个部分：

1. 逻辑学：研究自在自为的理念的科学。

2. 自然哲学：研究在其不同中的理念的科学。

3. 精神哲学：研究从那种不同返回到自身的理念的科学。

第 15 小节中曾说过，在那几种哲学科学之间的区别，只不过是一个理念或者理性体系的种种方面或者专门化，理念，而且也只有理念，才在这些不同的媒介中被同样展现了出来。在自然界中，须识别出来的只有理念，而无其他，不过在这里理念又抛弃了它的固有的存在。另外，在精神中，理念还维护了它自身的存在，并且正走在变成绝对事物的途中。在这种表现出了理念的形式当中，每一种形式都同时又是一个过渡的或者短暂的阶段，无怪乎这些分支的每一种，也就不仅须知道它的作为暂时具有存在的对象的内容，而且也须在相同的活动中说明，这些内容是怎样过渡到它们的更高的圆圈之中的。因而，把它们之间的关系展现为一种划分，也就会导致误解，因为这样做也就把那几个部分或者科学并列在一起，好像它们并没有固有的发展，而是就像这么多的物种一样，是确实不同而且是明显不同似的。

第二章　初步的概念

19. 逻辑学是研究纯粹理念的科学。之所以说纯粹，是因为理念是位于思维的抽象媒介之中。

这个定义，以及出现在这些导论性的概要中的其他定义，都是引申自对整个体系的全面研究，这些定义也相应地是随着整个体系而产生的。这同样的话也适用于有关哲学的一切引言性的概念，不管那些概念是什么。

逻辑学本来可以定义为研究思维的科学，定义为研究思维的法则及其特有的形式的科学。但是思维，既然是思维，也就只能是一般的媒介，或者说是限制性的状况，它使得理念明显地具有逻辑性。如果我们把理念认同为思维，那么思维也就不可被看作是一种方法或者形式，而是必须被看作是其法则和独特的术语的自我发展的整体。这些法则就是思维自身的产品，而不是思维所发现并必须服从的一个事实。

从不同的观点来看，逻辑学要么是最困难的科学，要么就是最容易的科学。逻辑学是困难的，因为它须处理的不是感知，也不像几何学那样处理对感觉的抽象表述，而是处理纯粹的抽象概念。而且也因为，它要求有一种力量和技巧，能够返回到纯粹的思维之中，能够牢牢地控制住纯粹的思维，并且能够在这样的一种成分中移动。逻辑学是容易的，因为它的内容只不过是我们自己的思维，以及思维的熟悉形式或者术语，而这些都是极度的简单，是每一个别的事物的ABC。它们也是我们最为知悉的东西：例如，“它是”和“它不是”；它们是质和量值；它们既是潜在的存在，又是实际的存在；它们是一，是许多，等等。但这样的知悉却又只是给研究增加了困难，因为虽然一方面我们自然认为，再花费工夫研究如此熟悉的事物是不值得的，而另一方面，问题却在于，我们应该以一种新的方式来知悉这些事物，应该以一种与我们已经了解它们的方式完全相反的方式来知悉这些事物。

逻辑学是否有用，涉及到它所能给学习者带来的影响，涉及为了其他的目的可能提供的训练。这种逻辑上的训练在于，能使学习者进行思维上的训练（这种科学就是思维的思维）。这种逻辑上的训练还在于，能使学习者在头脑中得到真正纯粹的思想。确实，逻辑学由于是真理的绝对形式，由于是真理本身的别称，因而也就不仅仅是有用的东西。然而如果说最高尚的、最自由的而且最独立的东西也是最有用的东西的话，那么逻辑学也就多少可以声称拥有那后一种性质。这样一来，逻辑学的用处也就不是为了训练而进行思维上的训练，而是必须在另外一种估计值上来估价。

附释：

（一）第一个问题就是：逻辑学的对象是什么？对这个问题的最简单而又最明白易懂的回答就是，真理就是逻辑学的对象。真理是一个高尚的词，而它的实质则尤为高尚。只要人类的心智和精神是健康的，那么对真理的寻找就一定会唤醒他的天性的一切热情。不过立即就有异议介入了——我们能够认识真理吗？在像我们自己这样的有限的存在与绝对的真理之间，似乎有一种不成比例，而且在有限与无限之间究竟有没有桥梁，也显示出来种种怀疑。上帝是真理：我们将怎样认识他呢？这样的一个任务似乎与恭顺谦卑的美德相矛盾。——还有人询问，我们是否能够认识真理，这些人怀有一个不同的目的。他们想为自己满足于琐碎、有限的目标而生活辩护。这种谦卑是可怜的。

不过那个时代已经过去了，当时人们问道，我，尘土造成的一个微不足道的人①，又怎么能够认识真理呢？而现在取而代之的是，我们又发现了虚荣和自负。人们心安理得地声称，他们呼吸的正是真理的空气。年轻人自鸣得意地相信，他们拥有获得道德真理和宗教真理的天赋的、与生俱来的权利。又有人以相同的口吻宣称，上了岁数的人在谬误当中无可救药了，僵化了，墨守成规了。导师们说，青年看到了黎明的明亮光线，但老一代人却躺在普通日子的泥潭和沼泽之中。他们承认，那些特殊的科学是某种当然应该被培育的东西，但却仅仅是作为满足物质生活的需要的手段来培育。在所有这一切当中，阻碍对真理的认识和研究的，并不是谦恭，而是一种认为我们已经充分拥有了真理的信念。而且毫无疑问，年轻人随身携带着他们的年老的同事们的希望，世界和科学的进展依赖于他们。但把这些希望寄托在年轻人的身上，其条件却又只是，他们不能停滞不前，而是必须从事心智的艰苦劳动。

在寻求真理的过程中的谦虚，却还有另外一个方面，也就是对真理的彬彬有礼的漠视，这一点我们在彼拉多与基督的交谈中就可看出。彼拉多问道，“真理是什么呢？”② 说这句话的时候带着这样一个人的神态，他老早就与每一件事情结清账目了，并且得出结论，什么都没有特别的

---

① 《圣经·创世纪》第3章19节，上帝对亚当和夏娃说：“你本是尘土，仍要归于尘土。”

② 语见《圣经·约翰福音》第18章38节。彼拉多（Pontius Pilate，？—约36），罗马犹太巡抚，主持对耶稣的审判并下令把耶稣钉死在十字架上。

重要性——这与所罗门所说的“一切都是虚幻”① 完全是一个意思。到了这一步，所剩下的也就只有自负了。

对真理的认识所遭遇到一种额外的障碍，就是胆怯。头脑懒惰的人自然会说道：“不要以为我们是要认真对待我们的哲学。我们之所以乐于学习逻辑学，除了别的因素以外，就是逻辑学一定能使我们和以前一样。”人们有这样一种感觉，认为如果思维超出了我们的理念和印象的一般活动范围的话，那它就只能是走在邪恶道路上。他们似乎是把自己托付给这样一个大海，他们将在那个大海上被思维的波浪前后抛起，最后终于再次到达这个世俗场景的沙滩，完全就像他们离开沙滩时那样可怜。这样的视野所产生出的结果，我们在这个世界里就可看到。要在这些限制之内获得各种各样的信息和许多成就，成为从事官方的例行公事的能手，并且为特殊的目的受到训练，那是可能的。但要为了更崇高的生活而对精神进行教育，并为服务于更崇高的生活而献出我们的精力，则完全是另外一回事。在当今的时代，人们可以希望，对某种更好的事物的渴望已经在年轻人当中出现，这样一来他们也就不会仅仅满足于无价值的外在知识了。

（二）人们一致认为，思维是逻辑学的对象。但是对于思维，我们的估价可能是非常低劣，也可能是非常之高。一方面人们说，“那只是一个想法。”在他们看来，思维是主观的，是武断的和偶然的——有别于事物本身，有别于真实的事物和真正的事物。另一方面，有关思维又可能形成一种非常高的估价，在这个时候，只有思维才被认为足以获得所有事物中的最高的事物，也就是上帝的性质，而有关上帝的性质，感官则什么也不能告诉我们。据说，上帝是一种精神，必须在精神上和真理上予

① 语见《圣经·传道书》第12章8节。

以崇拜。但我们却承认，仅仅感觉到的和合乎情理的事物，并不是精神方面的事物，精神方面的事物的核心的核心在于思维，而且只有精神才能认识精神。尽管确实，精神能够把自己降低为感觉——在宗教里就是如此，但作为意识的一种模式的单纯感觉是一回事，而感觉的内容则是另外一回事。感觉之所以是感觉，是因为它是我们与禽兽所共有的感性性质的一般形式。这个形式，也就是感觉，也许有可能掌握和占用那个充分有机的真理，但这个形式却与其内容并无真正的一致性。感觉的形式，是精神上的真理能够在其中表现出来的最低的形式。精神存在的世界，也就是上帝自身，存在于严格意义上的真理之中，只是存在于思维之中并且作为思维而存在。因而，如果是这样的话，那么思维也就远不是单纯的想法而已，而是领悟外部世界和绝对事物的最高的模式，严格说来，是唯一的模式。

对于思维，人们可能有非常高或者非常低的评价，同样对于思维的科学也可能有非常高的或者非常低的评价。据认为，任何人无须学习逻辑学都能思考，正如无须学习生理学也能够消化一样。如果他学过逻辑学，那么他在像以前一样进行思考的时候，也许会更有条理一些，但却没有多少变样。倘若这就是一切，倘若逻辑学只不过使得人们熟悉思维的活动，把思维当作进行比较和分类的功能的话，那么它就创造不出以前也没有做出的东西来。事实上，有关其职责，逻辑学迄今为止也没有除此之外的别的概念。然而有关思维，即使是有关作为主体心智的单纯活动的思维，能够掌握大量信息对人类来说都是体面而有趣的事情。因为人之所以异于禽兽，正是在于人知道他是谁，他做什么。不过我们可以接受对思维的更高的估价——只有思维才能真正接触崇高而又真实的事物。这样一来，作为思维的科学的逻辑学也就占据着一种高的境界。这样一来，如果逻辑学考虑思维的活动及其产物的话，（思维既然并不是无成果的能力，也就产生出种种思想，以及所需要的特殊思想，）那么一般说来，逻辑学的主题就是超感觉的世界，而处理那个主题，就意味着在那个世界里待上一段时间。数学涉及的，是时间和空间的抽象概念。但时间和空间的抽象概念仍然是感觉的对象，尽管感觉得到的东西是抽象的，理想化的。思维甚至向这最后一个而且是抽象的感觉得到的东西告别：思维坚持它的固有的独立，抛弃外在的和内在的感觉的领域，并且放弃个人的兴趣和倾向。当逻辑学采取这个立场的时候，它就是一种比我们习惯于认为的更高级的科学。

（三）有必要在比把逻辑学单纯看作思维形式的科学更深刻的意义上来理解逻辑学，而这种必要性又被宗教和政治、法律和道德的利害关系强化了。在早期，人们进行思考并不是要带来伤害，他们是自由而又无所畏惧地不停思考着。他们思考着上帝，思考着自然以及国家。他们确信，一种有关真理的知识只能够通过思考获得，而不是通过感官或者任何任意的念头或者见解来获得。但当他们这样思考的时候，生活的主要布局也就开始受到他们的结论的严重影响。思维剥夺了现存制度的力量。法规成了思维的牺牲品，宗教受到了思维的攻击，一直被看作启示的坚定宗教信念被逐渐削弱了，而且在许多人的心中，古老的信念被推翻了。例如，古希腊的哲学家们变成了旧的宗教的对抗者，并且摧毁了旧宗教的信念。哲学家们相应地遭到放逐或者被处死，这同颠覆了宗教和国家的革命党人遭到放逐或者被处死一样，须知宗教和国家是不可分的。简言之，思维使得自己成为现实世界中的一种力量，并且产生了巨大的影响。让人们注意到思维的影响，事情也就结束了，思维的权利受到了更为严格的审查，通过这种审查，世人也就声称，他们发现思维是过于僭越了，对做所从事的事情力不从心。人们说，思维并没有认识到上帝的真实存在，没有认识到自然和心智的真正存在。它并没有认识到真理是什么。它所做的，就是要推翻宗教和国家。因而就思维所带来的结果而论来为思维辩护，也就变得急迫，而正是对思维的性质的这种检查以及这种辩护，成了近代哲学的一个主要问题。

20. 如果我们接受我们对思维的表面上的（prima facie）印象，那么在检查的时候就会发现，首先（a）在其通常的主观公认意义上，思维是头脑的许多活动或者能力当中的一个，与感觉、感知、想象、欲望、意志力等其他这种活动或者能力并列。这种活动的产物，也就是思维特有的形式或者性质，就是共相，或者一般说来就是绝对事物。被看作一种活动的思维，也就可以相应地被描述为积极的共相，而且既然所做的事情，也就是其产物，又再次成为共相，因而思维也可以被称为一种自我实现的共相。被理解为主体（或者动因）的思维，就是能思者，而作为能思者而存在的主体，则纯粹被“我”这个术语表示了出来。

在本节以及随后几节里，那些对思维作出了描述的命题，并不是作为我对命题内容的断言或者见解被提供出来。但在这些初步的讨论中，要作出任何推论或者证明都是不可能的，而且所作的陈述也可以看作是明显的事情。换句话说，任何一个人，当他思索并考虑他的想法的时候，将会由于他的意识的经验而发现，那些想法既拥有普遍性的特点，也拥有将在后面被列举出来的思维的其他方面。我们当然假定，他的专注和抽象的能力先前已经受到了训练，这使得他能够正确地观察他的意识以及他的构想力的证据。

这个导论式的阐述，已经提及了在感觉、构想力以及思维之间的区别。鉴于这个区别对于理解知识的性质和种类至关重要，因而如果在这里我们让大家注意到这一点，也就将有助于对命题内容的解释。

为了对感觉作出解释，最现成的方法当然就是参考到其外在的来源——也就是感官。但说出感官的名称，对于解释它所领悟的内容并没有多大的帮助。在感觉与思维之间的真正区别在于——感性事物的基本特性就是个性，由于个体（个体化为最简单的术语，就是原子）也是一个群体的成员，所以感性存在也就呈现出若干个相互排斥的最小整数[①]——如果更确定和更抽象地予以界说的话，那么那些最小整数就是彼此并列的，又是彼此接续的。构想力或者说是形象思维，所使用的材料来自相同的感官。但这些材料在被构想出来的时候，它们是被明显地设定为“在我之内”，并因而有了“我的东西”的特色，其次，由于这些材料只是涉及自我，因而也就被设定为共相，或者被设定为单一物质。感觉也并非具体化了的构想的唯一来源。有一些构想的构成材料，是来自具有自我意识的思维，比如法律、道德、宗教的材料，甚至是来自思维自身的材料，而且需要作出一些努力，才能发现在这样的构想与具有同样含义的想法之间的区别是在什么地方。因为这样的构想正是一种想法的媒介，而且也并不缺少普遍性的形式，而如果没有普遍性的形式，则什么内容也不能够在我之内，或者说根本就不能成为一种构想。然而在这里，一般说来，构想的独特之处，也须在个性或者对孤立的个性内容中找到。确实，例如法律和法律条款并不是存在于一个感性空间里，并不是又相互排斥。就时间而论也是如此，尽管法律和法律条款似乎在某种程度上是接替的，但它们的内容自身却并不被认为是受到了时间的影响，也并不被认为是在时间当中短暂和易变的。构思的瑕疵在于更深的地方。这些理念，尽管含

① 最小整数（unit），数学用语，也就是“一”、“个位”或者“个位数”。

蓄地拥有了心智的有机一致性，但在构想的广阔领域里却是孤立地站在各处，同时又带着其内在的和抽象的普遍性。这样一来在分离开来的时候，每一个理念都是简单的，无关联的，例如正义、责任、上帝的理念。在这些情况中的构想或者是满足于宣称，正义就是正义，上帝就是上帝，或者在更高层次的文化中，构想又进而阐述种种属性，比如上帝是世界的造物主，是无所不知，是全能，等等。几个孤立的、简单的谓项①，就是以这种方式被连在一起，但是尽管它们的主项提供了这个联系，这些谓项却从未超越仅仅是邻近而已。在这一点上，构想与知性②相一致，唯一的区别就在于，知性介绍出来的是共相与特殊性之间的关系，因果关系等等，并且以这种方式为构想的种种孤立的理念提供了一个必要的联系，这又使得孤立的理念在模糊的精神空间中并列，只是被一个简单的“与”联系起来而已。

在构想与思维之间的区别具有特殊的重要性，因为哲学所做的，可以说只是把种种构想改造成种种思想——尽管哲学还进而把单纯的思想改造成概念。

感性存在的特色，就是具有个体的属性，而且成员③之间相互排斥。最好还是要记住，感觉的这些属性本身就是种种思想和一般的术语。逻辑学将表明，思维（以及共相）并不仅仅是感觉的对立面，思维（以及共相）不让任何东西从自己身上逃脱，而是以包抄对立面的方式，做到了同时既是对立面又是自己。既然语言是思维的产物，因

① 谓项（predicate），在逻辑学中，即命题的第二项。predicate 的基本词义见于语法学，就是谓语。下面的“主项”（subject），也是逻辑学术语，在语法学中就是主语。

② 知性（understanding），德国古典哲学家用知性与理性（reason）相对。

③ 成员（member），逻辑学术语，亦译分子，指三段论中的命题之一。

而语言所表达出的一切也就一定是共相。我只是想表达的或者假设的意思，是我的，它属于我——这是特殊的个体。但语言所表达的又只是共相，因而我又不可能说出仅仅是我的意思。而且不可言传之物——如感情或者感觉——远非最高的真理，而是最不重要、最不真实的东西。如果我说“那个个人”、“这个个人”、“这里”、“现在”，那么这些也就全都是通用的术语。每一个东西，任何一个东西，都是一个个体，是一个“这个”，而如果要被感觉得到，那么它就是在这里和现在。同样当我说“我”的时候，我的意思是我的单个的自我，而排除所有的他人，但我所说出的“我”，则恰恰是每一个“我”，它也以同样的方式排除了自己之外的所有其他人。康德曾经使用了一个累赘的表达方式，他说，我陪伴着我的所有的构想——陪伴着感觉，也陪伴着欲望、行动等等。“我”在本质上和行动上都是共相，而这样的合作关系则是共相的一种形式，虽然是共相的一种外在形式。所有的其他人与我一样，都是“我”，也与我一样，所有的感觉和构想都是“我”的。但抽象的“我”，就其本身而论，则只不过是自我集中和自我关联的行动，在这个行动当中，我们从所有的感知和感觉中获得抽象概念，从每一个心态和天性、才能和经验的每一个独特性中获得抽象概念。在这个程度上，“我”就是一个完全抽象的共相的存在，是抽象自由的一个原则。所以思维在被看作一个主体的时候，就是被“我”这个字所表达出来的事物；而且既然我同时又处于我的所有的感觉、构想以及意识状态之中，因而思维也就无所不在，也就是贯穿于所有这些限定中的一个范畴。

附释：

当我们使用思维这个术语的时候，我们的第一印象就是，它具有一种主观活动的性质——是在许多类似的能力之一，比如记忆力、想象力和意志力。倘若思维只不过是主体心智的一种活动，并被逻辑学当作主体心智的活动来对待的话，那么逻辑学就会与别的科学一样，也拥有了特定的对象。假使这样，那么把一种特殊的科学专用于思维，而意志力、想像力等却又被剥夺了相同的特权，也就可能显得是武断了。然而按照这个看法，对一种能力作出选择的牢固基础，也可能是某种被承认是属于思维的权威，是声称思维是人的真实本性，而人之异与禽兽也就在于思维。甚至把思维当作一种主观的能力来进行研究，也并不是不重要的。对思维的性质作详尽的分析，就会把规则和法则揭示出来，而有关规则和法则的知识就是源自经验。从这个观点来看，对思维的法则的讨论曾经就是逻辑科学的实质内容。亚里士多德就是这门科学的奠基者。他成功地让在严格意义上属于思维的东西归属于思维。我们的思维是极其具体的，但在思维的复杂内容中，我们却必须把在严格意义上属于思维的那个部分辨别出来，或者说把在严格意义上属于它的行动的抽象模式的那个部分辨别出来。一种存在于思维的媒介之中的微妙的精神联系，使得所有这些内容成为一个整体，而亚里士多德注意到并描述出来的，正是这个联系，正是这种作为形式的形式。直到今天，亚里士多德的逻辑学仍然是被普遍接受的体系。亚里士多德的逻辑学确实已经得到了扩展，尤其是被中世纪的经院哲学家们的钻研所扩展，但他们却并没有作出任何实质性的增加，只是在细节上予以完善而已。现代人也在这种逻辑学上留下了自己的痕迹，在一定程度上是删去了应归功于亚里士多德和经院哲学家的逻辑学说的许多要点，又在一定程度上塞进了大量心理学的命题内容。这门科学的要旨，在于认识有限思维的运用过程，而如果这门科学适应于其预先假定的对象的话，那么这门科学也就有资格被称之为正确的。对这种形式逻辑的研究，毫无疑问有它的用处。如这个警句所说，它使头脑敏锐，并教会我们集中思想，作抽象思考——而在通常的意识里，我们则须处理那些彼此交叉并使彼此费解的感性构想。除此之外，在进行抽象思考时，精神必然集中在一个单一的要点上，这样一来也就导致我们养成那种专心于内心的自我的习惯。既然以经验为依据的科学的方法受到有限思维的形式的制约，因而对有限思维的形式的认识，可以成为训练头脑以研究这些科学的一种手段；而在这个意义上，人们指出逻辑学是工具主义的。确实，我们可以更开明地说：不应为了逻辑学的功用而研究逻辑学，而是应该为了逻辑学而研究逻辑学，为了单纯的功用是找不到超卓越的事物的。在一个意义上，这是非常正确的，但也可以这样来回答，超卓越的事物也是最有用的事物，因为它是那种支持一切的原则，那种原则由于拥有自身的独立存在，因而也就可以用作它所促进和实现的特殊目的的手段。而这样一来，特殊的目的尽管并没有权利处于第一的位置，但仍然由于最高的善的出现而受到鼓励。例如，宗教就拥有其自身的一种绝对价值，然而同时其他的目的也随之兴旺并获得成功。诚如基督所说："要是首先寻求天国，那么所有这些东西就一定会加给你们。"① 特殊的目的，只有在达到绝对的自在自为的存在的时候，才能达到。

21.（b）在前面思维被描述为是主动的。其次，我们现在是从它对其对象的影响来考虑这个活动，或者说是把它当作对某件事情的反思来考虑这个活动。既然是这样，那么思维活动的共相或者产物，也就包含着事情的价值——思维活动的共相或者产物就是本质的，内在的和真实的。

第5小节曾经引用了一个旧的信念，即在对象、环境或者事件中

---

① 语见《圣经·马太福音》第6章33节。

的实在，在固有的价值或者本质中的实在，在一切事物所依赖之物中的实在，并不是意识的一种不言而喻的论据，也并不与对象的初次出现和初次印象相一致；相反，为了发现对象的真正构成，却是要求作出反思——而且通过这样的反思，对象的真正构成也就将得以确定。

附释：

反思是甚至儿童也须学习的一堂课。儿童最初的一堂课，就是要把形容词与名词连接起来。这就使得他不得不心有专注和作出区分：他须记住规则，并把规则应用在特殊的情况之中。这个规则只不过是一个共相而已，而儿童则必须确保具体事例使自己适应于这个共相。再则，在生活中我们有需要达到的目的。而有关这些目的，我们思索，哪一种是达到目的的最好方式。这里的目的代表着共相或者指导性原则，而且我们拥有我们依照目的而对其行动进行制约的手段和工具。在品行问题上，反思以相同的方式在起作用。在这里，反思是指想起正确的东西，想起责任——那是一种在特定的情况中，被用作一个固定的规则以指导我们的行为的共相。我们的特殊活动必须暗示着普遍的法则并承认普遍的法则。

在我们对自然现象的研究中，我们发现其中展现了相同的东西。例如，我们观察雷和闪电。这是个熟悉的现象，我们经常察觉到它。但人又并不满足于仅仅是了解，并不满足于出现在感官上的事实；他想来到外观的背后，想知道它究竟是怎么一回事，想理解它。这导致他进行反思：他试图找出有别于单纯的现象的原因，他试图知道与外观不同的内情。因此现象也就具有了双重性，它分裂成了内情和外观，分裂成了力量和力量的表现，分裂成了因果。我们再次发现，内情或者力量与普遍永恒之物认同了：并不是这道或者那道闪电，并不是这棵或者那棵植物——而是在所有闪电、所有植物当中让那种相同继续下去之物。感觉得到的外观是个体的，短暂的，其中的永久之物是由反思所发现。大自然向我们显示出了数量无穷无尽的个体形式和个体现象。我们感到需要把统一性引进这种多样化之中：我们因而进行比较，并且试图在每一个单一的事例中找到共相。个体出生了，又消亡了，物种在所有个体之中继续存在，并再现于所有个体之中；而物种的存在，只有反思才能看得见。自然律也是这样，例如那些制约着天体运行的规律。我们看到，星星今天在这里，明天又在那里：我们的头脑发现，在这种紊乱之中有某种不协调之处——有某种我们不能信赖之处，因为我们的头脑信赖的是秩序，是一种简单、永恒不变而且普遍的规律。头脑受到这个信念的激励，也就把它的反思指向现象，并且认识到现象的规律。换句话说，头脑证明，天体是按照一种普遍的规律来运动的，依据普遍的规律可以知道并预言天体位置的每一个变化。——在极其复杂的人类行为中被人们感觉到的影响，也是同样的情况。在这一方面，人类也相信，有一种普遍原则在起着具有支配作用的影响。从所有这些例子中可以得出结论，反思所始终寻求的，是某个固定而又永恒之物，它自身就是确定的，并且支配着特殊事例。这个不能被感官所领悟的共相，被认为是真实的和本质的。这样一来，就行为而论，责任与权利也就被认为是极其重要，而当一个行动与那些普遍的界说相一致的时候，它就是真实的。

在这样描绘共相的特征的时候，我们也就意识到，共相是某个别的事物的对立面。这个别的事物就是单纯直接的、外在的和个别的事物，它与间接的、内在的和普遍的事物相对立。在外在的目光看来，共相并不是作为一种共相而存在于外表。种类作为种类是无法感知的，天体运行的规律并不是写在天空之上。共相既不能看到，也不能听到，它只是为头脑而存在。宗教带领我们走向一个在其自身之内包容别的一切事物的共相，带领我们走向一个使别的一切得以产生的绝对事物，而这个绝对事物并不是感官的一个对象，而是精神和思维的一个对象。

22. (c) 由于反思的行动，原先在感觉、感知或者构想力中把事实展现出来的那种方式有了某种改变。这样一来，似乎对象本身也必须有所改变，然后对象的真正性质才能被发现。

附释：

反思所推导出来的东西，是我们的思维的产物。例如，梭伦①用他的头脑制订出了法律，给了雅典人。这只能是说对了一半：但我们却不可因为这个原因而忘记，共相（在梭伦的情况中就是法律）与单纯的主观事物恰好相反，也不可因此而没有注意到，共相是事物的本质的、真正的和客观的存在。为了发现事物中的真相，仅仅关注是不够的，我们必须求助于我们自己的才能所采取的行动，以改变直接呈现在面前的事物的形态。现在，乍看起来，这似乎是自然秩序的一种颠倒，是蓄意要违反寻求知识的根本目的。但这个方法却并不像它所显得那样不合逻辑。唯有借助反思的作用来改变特定现象的形态，才能来到事物的实质，这是一切时代所共有的信念。到了现代，才有人首先对这一点提出了疑问，宣称在我们的思维的产物与事物本身之间存在着区别。据说事物的这种真正性质，与我们所认识的事物性质迥然不同。这种把思维与实在截然分开的观点，主要是批判哲学②所发挥出来的，它与以前所有时代的信念相反，以前的信念是，思维与实在之间的一致是理所当然的。在它们之

① 梭伦（Solon，约公元前638—约公元前559），古雅典政治家、诗人。

② 这里指康德的批判哲学。康德认为，哲学的主要任务是对知识进行批评，而不是为知识辩护。在康德看来，批评意味着对有关知识的种种可能性作出判断，然后才能到达知识。按照这个观点，哲学家的最初的、也许甚至是唯一的任务，并不是有关现实确立理论并论证理论，而是让所有的理论——包括哲学理论本身都受到批评性的检讨，并通过理论承受批评的情况来衡量理论的正确性。

间的对立，是现代哲学赖以转动的铰链。与此同时，人们的自然信念却不认为这种对立是真实的。在日常生活中，我们进行反思，但并没有特别提醒自己这就是到达真理的过程，而且我们是毫不犹豫地进行思考，并且坚信思维和实在是一致的。这种信念非常重要。它表明，如果我们的时代接受那个感到绝望的信条，认为我们的知识只是主观的，而我们又不能超越这种主观的话，那么时代便处于病态了。然而如果正确地理解的话，那么真理就是客观的，因而应该制约每一个人的信念，这样一来当个人的信念并不与这个规则相一致的时候，个人的信念也就是错误的。相反，现代的观点非常珍视单纯的信念这个事实，并且认为，为了信念而相信信念是件好事情，而不管我们的信念会带来什么负担——因为并没有我们能够用以评判信念的真伪的标准。

我们在上面说过，按照旧的信念，认识真理就是精神的特有权利。如果是这样的话，那么它也暗示，我们所认识的每一件具有外在性和内在性的事情，总之有关客观世界所认识的每一件事情，必然都是思维所思考的那样，而且进行思考，就是要说出我们的对象的真相，不管那真相可能会是什么。哲学的使命，只是要把在所有的时代里世人有关思维的信念带到显然可见的意识之中。因而哲学并没有提出任何新的东西，而我们当前的讨论，也导致我们得出了一个与人类的自然信念相一致的结论。

23. (d) 对象的真实性质在反思中被揭示了出来，但同样真实的是，思维的这个运用是我的活动。如果是这样的话，那么对象的真正性质就是我的精神产物，是我作为能思的主体的产物——是在我的简单的普遍性当中由我产生的，它有自制力，不受外部影响——简言之，是在我的自由中产生的。

独立思考，是人们常说的话，好像它具有某种特殊的意义似的。

事实上，谁也不能替他人思考，正像他不能替他人吃饭喝水一样，而且这个表达是一种修辞上的冗笔。思考就该事实而论（ipso facto），是自由的，这是因为作为共相的活动的思维，是自我与自我有关联的一种抽象概念。在思维中，由于我们的意识熟悉我们自己，而就我们的主观性而论，我们的意识又全然是个空白，因而我们的意识在其内容的方面，也就只能处于事实和事实的特征之中。如果承认这一点的话，如果我们把谦恭或者谦虚这个术语应用于这样一种态度，即不允许我们的主观性通过行动或者性质来进行干预的话，那么也就容易领会那个触及哲学的谦恭或者谦虚以及骄傲的问题。这是因为就内容而言，思维的真实性，只是取决于它使自己陷入事实的程度，而就形式而言，它又决非主体的隐蔽的或者特殊的状态或者活动，而是意识的那种态度，抽象事物自身在其中由于摆脱了普通的状态或者性质所可能蒙受的一切特殊的限制，也就将自己限制在那种与所有的个体相同的普遍活动之中。在这种情况下，哲学也就可以摆脱掉被称之为骄傲的指责了。而当亚里士多德要求精神须保持一种高贵的态度的时候，他让我们的个人见解和偏见全都被淡忘了，并且服从事实的支配，这样也就赢得了他所寻求的那种尊严。

24. 由于有了这些解释和限定，因而思想也就可以被称之为客观的思想——在客观的思想当中，也可以包括在普通的逻辑学中更被特别讨论过的种种形式，在普通的逻辑学中，那些形式通常只是被当作有意识的思维的形式。逻辑学因而也就与形而上学相一致，形而上学是研究被置于思想之中，并为思想所把握的事物的科学——据认为思想能够表达出事物的本质性实在。

对概念、判断以及演绎推理这样的形式彼此之间的关系——比如因果关系进行阐述，是逻辑学自身的一个命题内容。但事先起码有这么多事情已经是显而易见了。如果思维试图对事物形成一个概念，那么这个概念（以及最贴近它的说法，也就是判断和演绎推理），也就不能由与事物格格不入或者不相干的规定和关系构成。上面说过，反思通向事物的共相，而那个共相本身又是一个概念的构成成分之一。要是说理性或者知性就在这个世界之中，那就等于说出了“客观思维”的含义。然而客观思维一语却有不方便之处，因为思维通常局限于表达只属于精神或者意识的事物，而客观却是一个起码主要地只应用于非精神的事物的术语。

附释：

(1) 把思维或者客观思维说成世界的心脏或者灵魂，似乎就是把意识归属于自然界的事物。对于把思维看成事物的内在功能，尤其是当我们把思维说成是标志着人对自然界的偏离的时候，我们多少有所抵触。因而，如果我们果真要使用思维这个术语的话，那就有必要把自然界说成是潜意识思维的体系，或者用谢林①的话来说，把自然界说成是一种僵化的智力。而为了避免误解，就应该用思维形式或者思维类型来取代思维这个可作多种解释的术语。

……

根据前面所说，逻辑的原则也就应该在思维类型或者基本范畴的体系中寻找，在这个体系中，在主观和客观之间的对立，就其通常的意义上来说是消失了。被这样归属于思维的重要性，以及思维的独特形式，

① 谢林（Friedrich Wilhelm Joseph Schelling，1775—1854），德国哲学家、德国古典客观唯心主义代表人物，晚期转向天主教神学，著有《对自然哲学的看法》、《先验唯心论体系》、《哲学与宗教》等。

可以用古代哲学家的这句“υον（理性）统治世界”来阐明，或者用我们自己的话，“理性在世界中”来阐明，这句话的意思是，理性是它所存在于的世界的灵魂，是世界的内在原则，是世界的最恰当和最内在的性质，是世界的共相。另外一个阐释被下述情况提供出来了，也就是在说到某个特定的动物的时候，我们说，它是（一个）动物。而动物本身却又不能被人们看到，除了某个具体的动物，人们什么也指不出来。动物本身并不存在，它只不过是个体动物的普遍性质，而每一个存在着的动物，则是一个得到更为具体界定和特殊化了的东西。但成为一个动物——在这里种类的法则就是其共相，是那个特殊动物的固有属性，并且构成它的明确的本质。如果把狗的兽性从狗的身上去掉，那么要说出它是何物也就不可能。所有的事物都既有外在的存在，又有持久的内在性质。它们活着又死去，复活又逝去，但它们的本质和普遍之处却是那个种类，而这比它们全都共有的某个东西更有意义。

如果说思维是外部事物的构成实体，那么它也是精神事物的普遍实体。思维出现在人类的一切感知之中，因而思维也是在构想和回忆的一切活动中的共相，简言之，是每一个精神活动、意愿、希望等等中的共相。这些能力全都只是思维的进一步的专门化。当思维被这样描述出来的时候，它也就与我们谈到思维的一种能力的时候所起的作用不同，那是大量别的能力当中的一个，比如感知、构想和意志，在这一点上它们是在同一个层次上。当它被看作是自然界和精神所包含的一切事物的真正共相的时候，它就将其范围扩展到远远超出这一切，并变成了每一件事情的基础。从对思维的这个见解出发，在把 υον（理性）当作它的客观意义的概念上，我们下面就可以进而考虑这个术语的主观意义。我们首先说，人是一个能思的存在，不过我们同时还说，人是一个能够感知和运用意志的力量的存在。人是能思者，是共相，但又只是因为他感觉到他自身的普遍性，才成其为能思者。动物也含蓄地是共相，但动物却并没有有意识地感觉到这种共相是共相，它只感觉到个体。动物能看到的是单独的对象，例如它的食物，或者一个人。对动物来说，这一切从未超越个体的事物。同样，感觉能力也只与单独的对象有关，例如这种痛苦或者这种甜味。自然界并没有把它的υον（理性）带进意识之中，正是人最初使得自己具有了双重性，以便使得自己成为对于一种共相而言的一种共相。当人知道他是“我”的时候，他便最初具有了双重性。我所说的“我”这个术语，指的就是我自己，是一个单一的而且又全然确定的人。然而我又确实并没有说出我本人独有的任何东西，因为每一个别的人都是一个“我”或者“自我”，而当我称呼自己为“我”的时候，尽管我明确无疑地指我自己这个单个的人，但我所表达出来的却是一个彻底的共相。因而，“我”是一个单纯的自为存在，在自为存在中，每一个奇特或者显著的事物都被抛弃了，湮没在视线之外了，那就好像它就是意识的终极点和不可分解点似的。我们可以说，“我”与思维是同一回事，或者更确定地说，“我”就是作为能思者的思维。在我的意识中我所拥有的东西，是为我而存在的。对任何事情和每一件事情来说，“我”都是接受它的真空装置或者容器，一切皆为我而存在，一切皆储存其身在我之中。每一个人都是由种种构想构成的一个完整的世界，那些构想湮没在“自我”的黑夜之中。其必然结果就是，“自我”就是共相，在共相之中，我们把所有的特殊事例全都放置在一边，而与此同时所有的特殊事例又全都具有一种潜在的存在。换句话说，它并非只是一种单纯的共相，而是一种把一切都包括其中的共相。通常我们使用“我”这个词的时候，并没有给它附着上多少重要性，而且除了对哲学分析之外，“我”也并不是研究的对象。在“自我”中，我们眼前拥有着完全纯粹的思维。虽然禽兽不能说“我”，但人却能说“我”，因为思考正是他的天性。现在在“自我”中，有着各种各样的内容，它们既源自内部又源自外部，而按照这些内容的性质，我们的状态又可以被描述为感知，或者构想，或者回忆。但是在所有这些状态中，“我”都被发现了，或者说思维出现在所有状态之中。因而，人也就始终是在思考，甚至在他的感知中也是在思考，而如果说他观察到任何东西的话，那么他也总是把它观察为一个共相，把它固定在浮雕上的一个单一的点上，这样一来也就把他的注意力从别的点上撤回，而把这个单一的点看作是抽象的和普遍的，即使这种普遍性只是在于形式而已。

就我们通常的构想力来说，有两种情况可能发生。要么是内容而并非形式被思维所塑造出来，要么是形式而并非内容属于思维。例如，在使用愤怒、玫瑰、希望这样的术语的时候，我是在谈到我以感觉的常规学到的那些事物，但我又是以一种普遍的方式表达这些内容，也就是说，是以思维的形式来表达这些内容。我排除了大量的特殊之物，只是给予内容笼统的含义，但那些内容却仍然是感性的。另一方面，当我表述上帝的时候，内容无可否认就是纯粹思维的产物，但形式却仍然保留着种种感性的局限，因为上帝的形式就是我直接亲自感觉到的形式。在这些被概括出来的意象之中，内容不仅仅是感性的和纯粹是感性的，就像在直观中那样，而且要么内容是感性的，而形式与思维直接相关，要么形式是感性的，而内容与思维直接相关。在第一种情况中，材料是外界给予的，而我们的思维则提供了形式；在第二种情况中，来源于思维的内容通过形式变成了某个特定的事物，那特定的事物又相应地从外部来到精神。

（2）逻辑学就是对纯粹的思维的研究，或者说是对纯粹的思维与形式的研究。在思维这个术语的一般意义上，我们通常是用它来把某个不仅仅是简单和纯粹的思维的事物呈现给我们自己，这里我们指的是某种思维，它的材料是来自经验。但是在逻辑学中，思想却被理解为只包括依赖于思考之物，以及思考带进存在之物。正是在这些情况中，思想才成为纯粹的思想。精神这样一来也就在自己的活动中心，因而也就是自由的；这是因为自由意味着，你所处理的那另外一件事情是一个第二自我，这样一来你也就从未离开你自己的领域，而是将本人的意志强加于你自己。在这些冲动或者欲望当中，开端是来自某个别的事物，来自某个我们感觉是外在的事物。既然如此，我们也就谈到依赖了。为了获得自由，我们就有必要应该感到，并没有某个并非我们自己的他物出现。自然人由于其活动所遵循的，只是他的欲望的规则，所以也就不是他自己的主人。不论他可以是多么任性，他的意志和见解的成分却并不是他自己的，而且他的自由也仅仅是形式上的。但当我们思考的时候，我们就摒弃我们的自私的和特殊的存在，渐渐进入实在之中，让思维顺其自然而行动，而且，如果我们增加上任何我们自己的东西的话，那么我们的思考就失当了。

如果在说上面的话的时候，我们认为逻辑学是纯粹类型的思维体系的话，那么我们就会发现，其他哲学科学，如自然哲学①和精神哲学，似乎就是应用逻辑学，而且逻辑学就是赋予它们二者以生命的灵魂。这样一来，它们的问题也就仅仅是要认识在自然形态和精神形态中的逻辑形式——自然形态和精神形态只不过是纯粹思维形式的特殊表现。如果我们以三段论法②为例，（不是在旧形式逻辑上所理解的三段论法，而是在其真正价值上的三段论法，）那么我们就会发现，它所表现的是这样的法

① 自然哲学（philosophy of nature，或者 natural philosophy），旧时用以指自然科学，尤指物理学。

② 三段论法（syllogism），亦译“演绎推理”，即由大、小前提引出结论的推理。如：“凡人必死；苏格拉底是人；因此苏格拉底终有一天会死。”

则，特称命题是中项，它把共相与单称命题融为一体了。三段论法的形式，是一切事物的普遍形式。所存在的每一个事物都是一个特称命题，它把共相和单称命题连接在一起。但自然界是软弱的，并未能展现出纯粹的逻辑形式。三段论法的这样一种软弱的例证可见于磁铁。在磁铁的中间点或者无差异点，它的两极不管可能多么有区别，在这里却成为一体了。物理学也教育我们，要看到自然界中的共相或者本质，而在物理学与自然哲学之间的唯一区别，就在于自然哲学把在物质世界里的概念的恰当形式，带到了我们的精神的面前。

现在就可以理解了，逻辑学是所有科学的那种赋予一切以生命的精神，而逻辑学的种种范畴，就是所有科学的精神上的等级体系。逻辑学的种种范畴，是事物的中心和核心，然而它们同时又总是挂在我们的嘴边，而且起码显然是完全熟悉的话题。但是这样熟悉的事物，又通常最让人感到陌生。例如，存在是纯粹思维的一个范畴，但我们却从来也没有想到要把“是”当作考察的对象。大家平时总以为，绝对必远在彼岸，殊不知绝对却正在眼前，是我们凡有思想的人所始终使用而不自知的。语言就是这些类型的思维的主要的储藏所，而孩子们接受语法教育的一个用处，就是能够使他们潜意识地注意到思维的种种区别。

人们通常说，逻辑只是研究形式，它从别的地方为那些形式获得材料。其实我们可以说，逻辑思想比起一切别的内容来，倒并不“只是”形式，而一切别的内容比起逻辑思想来，却反而“只是”形式。因为逻辑思想是一切事物的自在自为地存在着的依据。使这样抽象的形式成为问题，也就意味着探究者有比一般人更高的文化层次，而且对这种形式进行自在自为的研究，还意味着必须从思维本身把这些思维类型推断出来，而且必须根据它们自身的法则检验它们是否是真的。我们并没有假设，它们是来自外部的论据，并没有然后又把它们与它们在我们的头脑里的形态进行比较，来界定它们或者展现出它们的价值和权威性。倘若我们是这样做的话，那么我们就会是从观察和经验出发，就会比如说我们习惯于在这样一个情况中，在这样一个意义上，使用“力”这个术语。像这样的一个定义，如果它与出现在我们的普通精神状态中的对象的概念相一致的话，就会被称之为正确的。这个以经验为依据的方法的瑕疵，就在于一个概念并不是按照其自在自为的性质被界定的，而是根据某件被臆断出来的事情来界定的，而那件被臆断出来的事情又被用作一个准则或者正确的标准。并不需要应用这种标准，我们只不过须让思维形式服从它们自己的有机生命的推动。

对具有一般才智的人来说，询问一个范畴是否真实一定显得奇怪，因为一个范畴显然只有在被应用于一个特定的对象的时候才是真实的，而且倘若没有这个应用，那么探究它的真实性也就似乎毫无意义。但每一件事情所取决于的，又恰恰是这个问题。然而首先我们必须清楚地理解，我们所说的真理是什么意思。在日常生活中，真理意味着一个对象与我们对它的构想相一致。这样一来我们也就预先假定有这样一个对象，我们的构想力必须与它相一致。而另一方面，在真理的哲学意义上，真理又可以用普通的抽象术语，被描述为思维内容与真理自身的一致。这个意义与上面所给出的那个意义迥然不同。与此同时，真理的更深刻的而且是哲学上的意义，甚至能够部分地在对语言的一般使用中找到。这样一来我们也就谈到一个真正的朋友，我们说的是有这样一个朋友，他的举止与友谊的概念相一致。以同样的方式，我们谈到一件真正的艺术作品。在这个意义上，“非真正”的意思就是，这件艺术作品是拙劣的，或者是与自身不一致。在这个意义上，一种拙劣的状态就是一种非真正的状态；而邪恶与虚假，则可以说是存在于在对象的功能或者概念，与对象的存在之间的矛盾。我们可以正确地描绘出这样拙劣的一个对象，但这种描绘的含义却又在本质上是虚假的。在我们的头脑中，我们有许多这种正确的同时又是虚假的概念。——只有上帝才是概念与实在的完全和谐。一切有限的事物，都包含着一种虚假：它们拥有概念，拥有存在，但它们的存在并没有满足概念的要求。由于这个原因，它们也就必须死亡，然后在它们的概念与它们的存在之间的不相容也就显现了出来。正是在种类上，个体的动物才拥有了其概念，而种类又通过死亡，把自己从这种个体性中解放了出来。

对真理的研究，或者说对这里所说的一致性的研究，构成了逻辑学的真正问题。在我们的日常心思中，我们从未为思维形式的真实性的问题所费神。——我们可能也这样表达出了逻辑学的问题，说逻辑学检查的是思维的那些触及其把握真理的能力的形式。而问题也就归结到：无限事物的形式是什么，有限事物的形式又是什么？在通常意识里，我们对于有限的思维形式从来就没有怀疑过，而是听任其无条件地通行有效。然而一切欺骗，却都是源自在思维和行动上同有限的范畴保持一致。

(3) 真理可以通过几种方法得以弄清，然而其中的每一种方法又只不过是一种形式。经验是这些方法当中的第一个。但这个方法又仅仅是一种形式，它并没有自身的固有价值。这是因为在经验中，每一件事情都依赖于我们让其影响了现实性的那种精神。一个伟大的精神，是伟大于它的经验；而且在现象所起的形形色色的作用中，伟大的精神又立即感知到那个具有真正意义的要点。理念出现了，是以实际的形态出现的，而并非可以说是在山外和远方的某个事物。例如像歌德这样的天才，他在研究自然界和历史的时候，拥有伟大的经验，能够看到那个有生命力的原则，并把这个原则表达出来。领悟真理的第二种方法就是反思，反思的方法用思想的关系来界定真理。但在这两种方式中，绝对真理尚未找到其恰当的形式。认识真理的最完善的方法，是在思维的纯粹形式之中被运用的：人采取纯粹的思维方式时，也就最为自由。

认为思维的形式就是完美的形式，认为思维的形式展现出了内在的和实际上的真理，这就是一切哲学通有的信条。首先，为了证明这个信条，所需要做的也就只是要表明，知识的这些其他形式是有限的。著名的古代怀疑主义，当它展现出在这些形式中的每一种中所包含的种种矛盾的时候，就完成了这个任务。那种怀疑主义确实走得更远了；但当它敢于攻击理性的形式的时候，它就开始暗示，在这些形式之中有某种它可以采用的有限事物。有限思维的一切形式，都将在逻辑发展的过程中出现，它们将自己呈现出来的那种顺序，是被必要的法则所决定的。在这里的导言中，它们只能被不科学地假定为某种已知的事物。在逻辑学自身的理论中，这些形式将不仅是被展现出其否定的一面，而且也将被展现出其肯定的一面。

当我们把认识的不同形式彼此进行比较的时候，它们当中的第一种形式，也就是直接知识，也许看来似乎就是最美好的、最高尚的和最恰当的形式。它包括了道德家称之为天真的每一个事物，也包括了宗教感情、淳朴的信赖、爱、忠诚，以及自然的信念。那另外两种形式，首先是反思的形式，其次是哲学认知的形式，它们都必须越过那种未经寻求而得到的自然和谐。而且只要它们在这一点上有共性，那么那些声称能够用思维来领悟真理的方法，就自然可以被看做是那种导致人类信任他自己认识真理的力量的骄傲的最基本的部分。这样一种态度使一种彻底的分裂成为必然结果，而且从这个方面来看，这样一种态度也可能被看作一切恶行和邪恶的根源——也就是原罪。因而显然能够得到调和、恢复安宁的唯一方式，就是放弃要进行思考或者认识的一切要求。

这种对自然的统一性的偏离，并没有逃避掉人们的注意，从远古以来，各个民族都一直在询问，精神上的这种奇异的分裂究竟有什么意义。

在自然界中并没有发现这种内在的分裂：自然的事物所做的事情，没有一件是邪恶的。

讲述人的堕落的摩西传说保留了一幅古代的画面，它表述的是这个分裂的起源及其所带来的后果。这个传说中所发生的事件，形成了教义的一个基本信条的基础，也就是人的原罪以及人因而需要得到解救的学说。在逻辑学的开端，考察一下这个故事或许是可取的，因为这个故事所探讨的，是逻辑学恰恰须讨论的知识的起源和意义。这是因为，尽管哲学不可让自己被宗教所吓倒，也不可让自己勉强接受其生存状况，但哲学却做不到忽视这些通俗的概念。宗教的故事和讽喻在数千年的岁月里受到了各个民族的崇敬，因而甚至现在也不可被看做是过时，而不予理会。

在对人的堕落的故事更仔细地进行审视的时候，我们发现，如我们已经说过的那样，它例证了知识对精神生活所产生的普遍影响。在其本能的和自然的阶段，精神生活披着由天真和易于信任他人的那种单纯所制作的外衣，但精神的本质自身就暗示着，这种直觉的条件被并入某个更高级的事物之中。鉴于精神生活并不是停留在它的自在存在的阶段，而是力求达到自为存在，因而精神生活也就有别于自然生活，尤其是有别于禽兽的生活。但这种分裂的生活的状况，又相应地要受到压制，精神生活则依靠自己的行动再次赢得其通向和谐的道路。这样一来这最终的和谐就是精神的和谐，换句话说，恢复的原则是见于思维，而且只是见于思维。带来伤口的那只手也是治愈伤口的手①。

在我们的故事中，我们被告知，亚当与夏娃，也就是最初的人，或

---

① 参见《圣经·约伯记》第5章18节："全能者打破，又缠裹，他击伤，又用手医治。"

者说是典型的人，他们是被安置在一个花园里，那里长着一棵生命树和一棵知善恶树。据说上帝禁止他们吃这后一棵树的果实，而有关生命树则暂时没有再说什么。这些话显然假定，他并不打算让人寻求知识，人应该保持在天真的状态之中。可以这样说，其他的喜爱思考的种族，也拥有相同的信念，即认为人类的原始状态是天真而又和谐的状态。在某种程度上，这全都是正确的。在整个人类中出现的这种分裂，并不是一种可以最后安息的状态。但如果把自然的和直接的和谐看作正确的状态，那就是一个错误。精神并非纯粹的本能，相反，它在本质上包含着进行推论和思考的倾向。孩子气的天真毫无疑问自身有某种迷人和吸引人之处，但这又只是因为，它使我们想到精神必须为自己赢得的是什么事物。童年时期的和谐之处乃是自然的赐予，而第二种和谐则必须产生自精神的劳动和培育。因而基督的话，“除非你们像小孩子一样”① 等等，远非告诉我们，我们必须永远是孩子。

而且，我们在摩西的叙述中发现，导致人离开他的自然的统一性的理由，被归于来自外部的引诱。那条蛇就是引诱者。但真相却是，那迈进对抗的一步，也就是意识的苏醒，却是追随着人的根本天性本身而来，而且这相同的历史在亚当的每一个儿子的身上重复着。那条蛇代表着同上帝的相似之处，因为它存在于善恶的知识之中，而当人摆脱掉与他的本能的存在的统一性，吃了禁果的时候，他恰恰又是参与到这种知识之中。在人们当中的苏醒的意识所作的第一个反思告诉人们，他们是裸体的。这是一个天真而又深刻的特征。因为羞耻感表明，人与他的自然生活和感性生活分离了。禽兽从未达到这种分离，因而它们感觉不到羞耻。

① 语见《圣经·马太福音》第 18 章 3 节。该节全文为，“我真诚地告诉你们，除非你们改变，像小孩子一样，否则永远也进不了天国。”

而正是在人类的羞耻感中，我们才要寻找衣服的精神上的和道德上的起源，与此相比，单纯的物质需要则是一种次要的事情了。

下面要谈到的是所谓的诅咒，那是上帝降祸于人的诅咒。在那个诅咒中的突出点，主要是取决于在人与自然之间的对照。男人必须汗流满面地工作①，而女人生产儿女必定多受苦楚②。至于工作，如果说它是分裂带来的结果，那么它也是对分裂所赢得的胜利。禽兽除了找到满足它们的需要的物质之外，无事可做，而人则相反，他只有通过自己来生产和改造必要的工具，才能满足他的需要。这样一来，即使在这些外部的事物之中，人也是在与自己打交道。

这个故事并不是以亚当和夏娃被驱逐出乐园而结束。我们被进一步告知，上帝说道，"瞧，亚当已经成了我们当中的一员了，能够知道善恶了。"③ 知识现在被说成是神圣的，而不是像以前那样，被说成是某种错误而又被禁止的东西。这样的话包含着对那种无稽之谈的驳斥，那种无稽之谈认为哲学只与精神的限度有关。哲学是知识，而正是通过知识，人才第一次意识到了他的原始使命，那就是要成为上帝的表象。这个神话又补充说，上帝把人们驱逐出伊甸园，为的是防止他们吃生命树上的果实，这只是意味着，在人的自然的一面，人当然是有限的和终有一死的，但在知识上，人却又是无限的。

我们全都知道这个神学教义，即人的天性是邪恶的，是被所谓的原罪玷污了。虽然我们接受这个教义，但我们却必须放弃一种肤浅的观念，即认为原始罪恶只是基于最初的人的一种偶然行为。因为精神这个概念本身就足以表明，人生性就是邪恶的，而如果想象他能够成为别的样子，

---

① 参见《圣经·创世纪》第3章19节："你必汗流满面才得糊口。"

② 参见《圣经·创世纪》第3章16节："你生产儿女必多受苦楚。"

③ 语见《圣经·创世纪》第3章22节。

那就是一个错误。只要人是自然的人，行为也像自然的人，那么他的一切行为，就都是他所不应有的。对精神来说，获得自由，并且通过自身的行动来实现自我，是一种责任。对人来说，自然只不过是他必须加以改造的起点。有关原罪的这个神学教义是一个深刻的真理，但现代的启蒙运动却宁可认为，人生性是善的，只要他继续忠实于他的本性，他的行动就是正确的。

人一旦离开单纯的自然存在的道路，便标志着在他这个自我意识的人与自然世界之间有了区别。虽然这种分裂是精神的概念本身的一个必要的成分，但它却并非人的最终目标。思维和意志的全部有限的活动，正是与这种内在的破裂状态有关。在那个有限的领域里，人追求他自己的目标，并从自己身上汲取他的行为的材料。虽然他追求这些目标达到了极致，虽然他的知识和他的意志在寻找他自己，也就是寻找除了共相之外的他的狭隘的自我，但他却仍然是邪恶的，而他的邪恶就是具有了主观性。

在这里，似乎在一开始我们就拥有了一种双重的邪恶，但这两种邪恶其实又是一回事。人既然是精神，也就不是一个自然人；而当他做出自然的行为，顺从欲望的要求时，他便愿意成为一个自然人。因而人的自然的恶，也就与动物的自然的生活并不相同。如果更精确地予以界定的话，那就可以说，自然人就其本身而论是一个个别的人，因为从哪一方面来说，自然都处于个人主义的束缚之中。这样一来，当人决意要成为一个自然人的时候，他也就在同样程度上纯粹决意要成为一个个别的人。由于自然的个人主义，而产生了冲动和欲望性的行动，而针对这种行动，又有了法则或者说是普遍原则的介入。这个法则或者可能是一种外在的力量，或者可能具有神圣权威的形式。只要人继续停留在他的自然的状态，就被法则所约束。确实，在人的本能和感情当中，有一些社会的或者仁慈的倾向，有爱、同情等等，它们超越了他的自私的孤立状态。但只要这些倾向是本能的，那么它们在范围和含义上的实际普遍性，也就被那种总是放任追逐私利和任意行动的主观形式所削弱。

25. “客观思想”这个术语所指的是真理——是应该成为哲学研究的绝对对象的那种真理，而不仅仅是哲学所要达到的目标。但这个表达本身，又不能不暗示出一种对立，而描绘出这种对抗的特征并领会这种对立，是当前的哲学态度的主要动机，而且涉及到真理以及我们弄清真理的手段的问题，这种对立又形成了真正的难题。如果说思维形式是被一种固定的对照所削弱的话，也就是说，如果思维形式只是具有有限的特征上的话，那么思维形式也就不符合真理的自我中心的论域的要求，而且真理也不能在思维中找到合适的贮藏所。这种只能产生有限的和不完全的范畴并通过这些范畴进行活动的思维，在更严格的意义上被称之为知性。此外，这些范畴的限度在于两点。首先，它们只是主观的，永远有一个客观的对象和它们对立。其次，它们的内容始终是有限的，因而各个范畴之间彼此对立，而且尤其与绝对事物对立。为了更充分地说明在这里归属于逻辑学的立场和含义，下面将考察思维被认为对客观性所持有的各种态度，以对逻辑学作进一步的介绍。

由于这个原因，我的《精神现象学》一书在问世的时候，就被说成是哲学体系的第一部分。在《精神现象学》中，所采用的方法就是从精神的第一个和最简单的阶段开始，也就是从直接意识开始，并且表明，那个阶段必然逐渐倾向于哲学的观点，那是一种哲学见解得到了过程的证明的必然性。但在这种情况下，要把探求限制在单纯的意识形式上是不可能的。这是因为哲学认知的阶段在材料和组织上最为丰富，因而当这个阶段以结果的形态出现在我们面前的时候，它也就预先假定，存在着意识的具体形态，例如个人和社会道德、艺术和宗教。乍一看，意识的发展似乎只局限在形式这一点上，这样一来在意识的发展中，也同时包括了命题内容的发展，或者说是包括了在哲学的特殊分支中所讨论的那些对象的发展。但后一个过程，可以说必须要在意识的背后进行，因为那些事实就是被提升到意识里的基本核心。对它的阐述相应地变得更加错综复杂了，因为有这么多严格说来属于具体分支的内容，被过早地在这个导言中讨论了。本书所作的概览，由于只是采用了历史性的和推论性的方法，因而也就有甚至更多的不方便之处。但本书却尤其试图表明，在学术界之外，有关知识、信念以及诸如此类的事物，人们所提出的问题——他们想像与抽象思想没有关联的那些问题——实际上可以归结在简单的范畴里，而那些范畴又是首先在逻辑学里被阐释清楚了。

第三章　思维对客观性的第一种态度

26. 在思维的这些态度当中，第一个态度见于这种方法，它对思维中的矛盾，或者说思维对自身的抵制，并不怀疑，也没有感觉。它怀有一种毫不质疑的信念，认为反思是弄清真理的手段，也是把对象的真实性质呈现在精神面前的手段。而且在这种信念中，反思直接向它的对象推进，拿起感觉和感知所提供的材料，并且从自身把它们当作思维的事实复制出来。然后，这种方法相信这个结果就是真理，因而也就满足了。初期的哲学，一切科学，甚至意识的日常行动和活动，就生活在这种信念之中。

27. 这种思维方法从未意识到，在主观与客观之间存在着对立：到了那个程度，也就没有什么能够不让这种思维方法说它拥有一种真正的哲学性质和思辨性质，尽管同样可能的是，那种哲学性质和思辨性质可能永远也不会超越有限的范畴，或者说永远也不会超越那种对立仍然未得到澄清的阶段。在当前的这篇导言中，对我们来说，主要的问题就是要观察以其极端的形式出现的这种思维态度；我们将相应地首先考察，作为一种哲学体系，这种思维态度的第二个和次要的方面。这种思维态度的最清晰的一个例子，而且是离我们最近的一个例子，可以在过去的形而上学中找到，这里我们指的是在康德哲学之前的那种形而上学。然而只有在就哲学史而论的时候，才可以说这种形而上学是属于过去：形而上学总是可以无处不见，形而上学就是抽象的知性对理性的对象所持有的见解。就这一点而言，真正的和直接的善，也就在于对善的主要范畴和善的做法（modus operandi）所做的更仔细的检查。

28. 这个形而上学的体系把思维的法则和形式，看作是事物的基本法则和形式。它假定，思索一件事情是找到其自我本身和性质的手段，而在这个程度上，它比继它之后的批判哲学更有优势。不过在第一个例子中，(1）思维的这些术语被从它们的关联中割裂了出来，每一个术语都自认是令人信服的，能够被用作真理的命题谓项。这种形而上学的普遍臆断就是，有关绝对事物的一种知识，是通过给绝对事物指定出命题谓项来获得的。它既不探究知性的这些术语特别指的是什么，它们的价值是什么，也不检验那种通过指定命题谓项来给绝对事物带来特性的方法。

在“上帝具有存在”这个命题中，“存在”一词就可以看作是这种命题谓项的一个例子。同样，在“世界究竟是有限还是无限?”这个问题中，“有限”或者“无限”就是命题谓项。在“灵魂是简单的”这个命题中，“简单”与“复杂”就是命题谓项。或者还有，“这件事情是一个统一体，是全部”，等等。没有人问过，这样的命题谓项是否拥有任何固有和独立的真理，也没有人问过，这个命题的形式是否能够成为真理的一种形式。

附释：

就像素朴信仰的一贯做法一样，过去的形而上学也臆断，思维能够领悟事物本身，而要认识事物的真实性质，就需要对事物进行思考。这是因为自然界和人的灵魂非常像海神普罗透斯①，总是在随心所欲地改变自己的面貌，而且观察者很快就想到，对事物的第一个粗略印象，并不是它们的本质的存在。这个观点恰好与批判哲学所取得的结果相反。有关批判哲学所取得的结果，可以说它吩咐人类单以谷壳和麦糠充当食物。

我们必须更仔细地探究那种旧形而上学的做法。首先，它从未超出分析的知性的范围。它没有做初步的探究，就采用了思维的抽象范畴，并把那些范畴列为真理的命题谓项。但在使用思维这个术语的时候，我们不可忘记在有限的或者漫无边际的思考，与无限的或者理性的思考之间所存在的差异。这些范畴，当它们表面上（prima facie）并且孤立地与我们相遇的时候，它们是有限的形式。但真理却总是无限的，有限的术语不能把真理表达出来或者把它呈现给意识。如果我们信守思维总是有限的这个现代概念，那么“无限的思维”一说就可能令人感到吃惊。但公正地说，无限正是思维的根本本质。就形式上来讲，所谓有限之物，就是指它有一个终点，它只存在到某个特定的位置，在那里它与自己的对立面接触，并受到自己的对立面的限制。因而有限之物是与其对立面有关联而存在，那对立面就是对它的否定，并把自己表现为它的限度。现在思维始终是在其自身的领域之内，它的关系是与自身的关系，而且它是其自身的对象。在拥有一个作为对象的思想的时候，我便与我自己亲近了。那个进行思考的力量，也就是“我”，因而也就是无限的，因为当那个力量思考的时候，它在与一个就是其自身的对象产生关系。一般

① 普罗透斯（Proteus），希腊神话中的海神，善预言，能随心所欲改变自己的面貌。

说来，一个对象就意味着某个别的东西，是面对着我的一个否定者。但当思维思索自己的时候，它就拥有了一个同时又决非对象的对象，换句话说，它的客观性被抑制了，被改造成了一个理念。思维，既然是思维，因而也就在其纯粹的性质中不会包含限度，只有在它局限于有限的范畴的时候才是有限的，它认为那些有限的范畴是最终的范畴。相反，无限的或者思辨的思维，虽然也同样作出界定，却在限制和界定的行动本身中使得那种缺陷消失了。因而最为频繁的情况就是，无限并不是被设想为一种抽象的往外伸张和无穷的往外伸张，而是即如上面所说的那种简单的样式。

旧形而上学的思维是有限的。它的整个活动方式被范畴所控制，它认为，那些范畴的限度永远是固定的，不会受到进一步的否定。这样一来，它的一个问题就是，上帝拥有存在吗？这个问题以为，存在是一个完全肯定的术语，是一种极点（ne plus ultra）。然而以后我们将看到，存在决非仅仅是一个肯定的术语，而是一个对绝对理念来说是太低级的术语，不配用在上帝身上。在这些形而上学的体系中的第二个问题就是，世界是有限的还是无限的？这个问题的措词就假定，有限是无限的一种永恒的否定项，而且人们能够轻易看出，当它们相互对立的时候，无限之物，它当然应该就是整体，但却只是作为一个单一的方面而出现，并且受到有限之物的限制。但一个受到限制的无限之物，本身却只是一个有限之物。人们以同样的方式询问，灵魂究竟是简单的还是复杂的。换句话说，简单是被看成一种终极的特性，它体现出了一种完整的真理。其实远非如此，简单是对一种半真半假的陈述的表达，它就像存在一样片面而抽象——我们将在下文看到，它是思维的这样一个方面，它本身就是不真实的，因而不能拥有真理。如果灵魂被看作仅仅是简单的，而且简单得抽象，那么它的特性就是得到了不恰当和有限的描绘。

因而先康德时期的形而上学的主要问题，就是要发现，是否要把所提及的这种谓项归属于它的对象。这些谓项毕竟只不过是知性的有限界说，它们只不过是强加上一种限制，而不是表达真理。不仅如此，还应该注意到，这种方法的主要特性在于给要被认知的对象“指定谓项”，或者“使谓项归属于”要被认知的对象，比如说，给上帝“指定谓项”或者“使谓项归属于”上帝。但属性却只不过是对对象的外部反映，使对象得以确定的谓项是从形象思维的资源提供出来的，而且是被机械地应用的。但是，如果我们要得到真正的认知，那么对象就必须成为其本身的自我的特征，而不是从外部衍生出它的谓项。甚至假如我们运用就命题主项来进行阐述的方法，那么精神也不能不感到，这种谓项并不能把对象表现得全面透彻。从这同一个观点来看，东方的哲人把神称为多名者或者无尽名者，是非常正确的。这些有限的范畴一个接一个地让灵魂得不到满足，于是东方的哲人不得不不懈地寻找越来越多的这种谓项。在有限事物当中，毫无疑问是这种情况，有限事物须通过有限的谓项来使自己获得特性，而由此知性也就为其特殊的活动找到了恰当范围。由于知性自身就是有限的，它也就只认识有限事物的性质。这样一来，当我把某个行动称为偷窃的时候，我也就在偷窃的基本事实上说出了这个行动的特性；而对法官来说，这样一种认识也就足够了。同样，有限事物彼此之间是作为因果、作为力和力的运用而存在的，而它们在这些范畴里被领悟的时候，它们也就在其限度之中被认识到。但理性的对象不能被这些有限的谓项来界定。试图这样做，正是旧形而上学的缺陷。

29. 这种谓项，单独地看，它们只不过拥有有限的意义领域，而且任何人都不能不领悟到，比如在上帝、精神或者自然界这些情况当中，它们是多么地不足，它们又是多么低于我们的想象思维所给予的充分细节的水平。除此之外，事实上它们是一个主体的全部谓项，而这一点又为它们提供了某种联系，尽管如此，但它们的各种各样的意义却使它们分离了，结果它们当中的每一个被带进来的时候，都令其他谓项感到陌生。

这就是东方的哲人所试图弥补的第一个缺陷，他们通过给神起许多名字的方法，来对神予以界定，就是一个例子。但他们仍然感到，名字的数目无限，实在是不得已的事情。

30.（2）其次，那些形而上学的体系采用了一个错误的标准。它们的对象无疑是一些整体，那些整体就其恰当的自我而言属于理性——也就是说，属于思维的有组织的和得到系统发展的论域。但这些整体——上帝、灵魂、世界，却被形而上学家们看成现成的主体，是要形成对知性的种种范畴的应用的基础。它们是从大众的构想臆断出来的。大众的构想也相应地成为唯一的准则，以确定这些谓项是否合适和充分。

31. 可以认为，有关上帝、灵魂和世界的一般概念，为思维提供了一个坚实而又稳固的立足处。它们实际上并非如此。它们拥有一种依附于它们的特殊而又主观的性质，并从而为种类众多的阐释留出了余地，除此之外，它们自身又首先要求思维作出一个坚实而又稳固的界定。在下述这些命题当中的任何一个当中都可以看到这一点，在这些命题里，为了指出我们是从什么主体或者概念着手，就需要有谓项，在哲学里就是需要有范畴。

在“上帝是永恒的”这样一个句子中，我们是从上帝的概念着手，因为我们尚且并不知道他是什么：告诉我们他是什么，那是谓项的责任。相应地，在逻辑学中，系统地阐述论题的措辞只是思维的措辞，因而按照逻辑学的原则，对于上帝是主体的命题来说，或者更含糊一些，对于绝对是主体的命题来说，让这些范畴成为它们的谓项，那就不仅仅是多余的，而且还是不利的，那就会使人想到，除了思维的性质之外还有另外一个准则。除此之外，命题的形式（与其说是命题，不如确切地说是判断）并不适于表达具体的事物——真实的事物总是具体的，也并不适于表达思辨的事物。每一个判断由于其自身的形式而都是片面的，并在那个程度上都是错误的。

附释：

这种形而上学并不是自由的或者客观的思考。形而上学并不是让对象自由地和自发地阐述它自己的特性，而是预先假设，对象是现成的。如果有人希望知道自由思维意味着什么，那么他就必须到古希腊哲学那里去，这是因为经院哲学就像这些形而上学的体系一样，也接受了古希腊哲学的论据，而且是把那些论据当做来自教会的权威的教义来予以接受。我们现代人，通过我们的整个成长，也被带进了那些极其难以超越的理念，而之所以难以超越，是因为那些理念意义深远。但古代的哲学家们却处于一种不同的状况。他们完全生活在感官的感知之中，在摒弃了神学以及神学的空想之后，他们便除了对头上的天空和周围的大地作出预先假设之外，什么也不作预先假设。在这些物质的、非形而上学的环境之中，思维是自由的，享受着其自己的隐私，——摆脱了一切物质的东西，完全是无拘无束。认为我们完全是属于自己的这种感觉，就是自由思维的特性——自由思维就是那种进入茫茫大海的航行，在我们的下面和上面什么也没有，我们只和我们自己在一起，孤寂地站立着。

32. （3）第三，这种形而上学的体系变成了教条主义。当我们的思维的范围从未超越狭隘而又僵化的措辞的时候，我们也就不得不臆断，在两个对立的断言中，例如在上面所提到的命题中，有一个一定是正确的，而另外一个则一定是错误的。

附释：

教条主义可以最为简单地描述为怀疑主义的对立面。不管哪一种哲学，只要拥有一种确定的学说，古代的怀疑主义者都称其为教条主义。从这个广义上说，怀疑主义甚至可以把教条主义这个名称，用于严格意义上的思辨哲学。但在狭义上，所谓教条主义，就是固执地在某些措辞与对立的措辞之间，画出了一条不容改变的分界线。在严格的“要么……要么”中，我们就可以清晰地看到这一点。例如，世界要么是有限的，要么是无限的，但世界一定是这二者之一。这种僵化的对立面，就是一切思辨真理的特性。在思辨真理中，不允许有这种不适当的界说，而且这种不适当的界说也不可能详尽无遗地论述真理。思辨真理把这些界说一起看作一个整体，而教条主义则在这些界说的孤立状态中，赋予它们以固定性和真理的头衔。

在哲学中常有这种情形，半真半假的陈述在整个真理的旁边就位，并且靠自己夺取了某种永恒事物的地位。但事实上，半真半假的陈述并不是一个固定的或者自力生存的原则，而纯粹是一个被扬弃并包括进整体的成分。知性的形而上学是教条主义的，因为它为孤立状态之中的半真半假的陈述辩护；而思辨哲学的唯心主义实现了总体的原则，并且表明，它能够超越抽象思维的不适当的界说。这样一来唯心主义就会说，灵魂既不仅仅是有限的，而且也不仅仅是无限的，它实际上既是此又是彼，而且有鉴于此，也就既不是此也不是彼。换句话说，这样的界说在孤立的时候是不值得采纳的，而只能在一个更大的概念上，作为构成成分显示出自己真正的价值。这样的唯心主义，我们甚至在通常的意识里随处可以看到。这样一来，当我们说到感性事物的时候，我们说它们是可变的，但同样真实的是，它们并不是可变的。在处理知性的各个范畴的时候，我们表现出了更多的固执。这些就是我们认为在某种程度上更为强有力的措辞——或者说是甚至绝对固定的措辞。我们把它们看做是彼此分离的，那是一种无限的鸿沟使它们彼此分离，结果对立的范畴永远也不能彼此接触。理性所进行的战斗，就是为了打破知性把一切所归结为的那种僵化而进行的斗争。

33. 以其系统的形式出现的这种形而上学的第一个部分，就是本体论，或者说是有关存在的抽象特性的学说。这些数量众多的特性，以及为它们的适用性所设立的限制，都不是建立在任何原则之上的。它们因此不得不被当作直接的经验和状况而被列举出来，而且归属于它们的那种含义，也只是基于普通的感性概念，基于那种认为特殊的词语是用于特殊的意义上的断言，甚至是基于词源学。如果经验宣告这个单子是完整的，如果语言的惯用法一致表明分析是正确的，那么形而上学家也就满意了；而那个固有的和独立的真理以及这种特性的必然性，也就永远成不了需要研究的事情。

如果要问，存在、定在、限度、简单、复杂等等，究竟是不是固有和独立的真理，那么就一定会让那些人吃惊，他们认为，有关真理的问题只能与命题有关（这里的命题指的是，一个概念是否具有那种要归属于一个主体的真理），他们还认为，谬误在于，在我们的理念之中的主体与要对这个主体进行阐述的概念之间，存在着矛盾。既然这个概念是具体的，那么一般说来，它以及它的每一个性质也就本质上是一个具有明显特性的独立自足的整体。如果这样一来真理只不过是矛盾的缺失的话，那么在每一个概念的情况中，首先就有必要检查，独立地看来，它是否并没有包含这种固有的矛盾。

34. 形而上学的第二个分支，是理性心理学，或者说是灵魂学①。它处理的是灵魂的形而上学的性质——也就是说，处理的是被看作一种事物的精神。精神期望能在一个被结构、时间、质变，以及量的增减的法则所支配的领域中找到不朽。

附释：

给予这个种类的心理学的这个“理性的”名称，足以把这类心理学，与观察灵魂现象的以经验为依据的方式进行对照。理性心理学是在其形而上学的性质方面，通过抽象思维所提供的种种范畴来看待灵魂。理性主义者试图弄清那种既是在自身又是为了思维而存在的灵魂的内在性质。在当前的哲学中，灵魂一词已不怎么听见了，现在特别受宠的术语是精神。这二者是明显不同的，灵魂似乎是在肉体和精神之间的中间术语，或者说是二者之间的纽带。精神，作为灵魂，是沉浸于肉体之中，而灵魂则是那种赋予肉体以生命的原则。

我们说，先康德时期的形而上学把灵魂看作一个事物。“事物”是一个非常含糊不清的词。所谓事物，首先指的就是一个直接的存在，是我们感官所能想象出来的某个东西：而在这个意义上，这个术语被应用在灵魂上了。由此也就产生了灵魂的寄居地的问题。当然，如果灵魂拥有一个寄居地的话，那么它就是在空间之中，并且可以在感官上被想象出来。因而，如果灵魂可以被看作一个事物的话，那么我们就能够询问，灵魂究竟是简单的还是复合的。这个问题是重要的，因为它与灵魂的不

① 灵魂学（Pneumatology），指的是对精神存在和精神现象的研究，尤其是对人与上帝之间的相互影响的研究。又，从一个概念上讲，Pneumatology 一词就是心理学，现已被 psychology 所取代。

朽有关，而灵魂的不朽据说又是因为它没有复合性。但事实却是，在抽象的简单性之中我们拥有一个范畴，它既不与复合性相一致，也不与灵魂的性质相一致。

有关理性心理学与经验主义心理学之间的关系，这里简短说上几句。前者，由于它想把思维应用于认识精神，甚至是展现出这种思考的结果，因而也就是高级的心理学；而经验主义心理学则是从感知出发，并且只是叙述和描述感知所提供的事物。但如果我们打算把精神当作思考的对象的话，那么我们就一定不可回避精神的特殊现象。经院哲学家们说，上帝是“绝对主动”的，在同样的意义上，精神在本质上也是主动的。但如果精神是主动的话，那么可以说它就必须完全正常。因而如果就像旧形而上学一样把精神看作一种没有过程的存在（ens），那就是错误的，旧形而上学把精神的没有过程的内在生活与精神的外在生活分割开来了。在一切事物当中，精神尤其必须在其具体的现实性的方面，在其精力方面，来予以看待；而且以这样一种方式，就可以看出，精神的外在表现是由它的内在力量所决定的。

35. 形而上学的第三个分支是宇宙论。它所包括的论题有世界、世界的偶然性、必然性、永恒、时空中的限制；世界的变化的法则（仅仅是形式上的法则）；人的自由以及邪恶的起源。

宇宙论为这些论题提供了被认为是彻底的对照，比如偶然性与必然性；外在的必然性与内在的必然性；是有效的和最终的原因，还是一般的因果关系和目的；是本质或者实体，还是现象；形式与命题内容；自由与必然性；幸福与痛苦；善与恶。

附释：

宇宙论研究的对象，不仅限于自然，而且也包括精神，包括了在精神的现象中的外在的错综复杂的关系——事实上，包括了普遍的存在，或者说是有限事物的总和。然而宇宙论却并不把这个研究对象看作一个具体的整体，而是仅仅从某些抽象的观点来予以看待。这样一来，宇宙哲学所试图要解决的问题，也就是如下这种问题：在世界中占支配地位的究竟是偶然因素还是必然性？世界究竟是永恒的还是被创造出来的？因而这种宇宙论所主要关切的，就是要揭示出所谓的宇宙规律，例如，自然界中没有飞跃。这里飞跃（saltus）指的是没有经过中介性而出现的一种质的差异或者质的变化，与此相反，（量的）逐渐变化则显然是并非没有中介性的。

关于精神如何表现其自身于世界中的问题，宇宙论所讨论的，主要是人的自由和邪恶的起源。谁也不能否认，这些是具有最高的重要性的问题。但要给这些问题一个令人满意的答案，则尤其有必要不可声称，知性的抽象界说是不可改变的，也不可认为，形成对照的两个术语中的每一个都拥有一种独立的存在，或者能够作为一个完整而又自我中心的真理来孤立对待。然而，这却是在康德之前的形而上学家们所采取的普遍立场，并且出现在他们的宇宙论的讨论之中，而由于这个原因，他们的讨论也就不能领会他们的目的，不能理解世界的现象。试看他们在把这些范畴应用于自然界与精神的时候，是怎样处理在自由与必然之间的区别。他们认为，自然界在其运转中受必然性的支配，而精神他们则认为是自由的。毫无疑问，在精神的核心之中，就有着造成这种区别的一个真正的基础，但自由与必然，当它们这样抽象地对立着的时候，也就成为只可以应用于它们就其本身而论所属于的那个有限世界的术语。一种不涉及必然性的自由，以及没有自由的单纯的必然性，都是抽象的，而且这样也就成为思维的非常不真实的界说。自由决非苍白的不确定性，从本质上讲它是具体的，而且是经久不变地作自我限定，因而就此范围说来同时也是必要的。其次，就通俗哲学中对必然这个术语的通常接受而言，必然只意味着来自外部的限定——例如在有限力学中，一个物体只有在遭到另外一个物体的打击的时候才会移动，而且又是朝着撞击所传递给它的方向移动。然而这却只是一种外在的必然性，并不是那种与自由完全相同的真正内在的必然性。

善与恶的对照也是如此——这是耽于自省的现代世界所宠爱的对照。如果我们认为邪恶拥有其自身的一种固定性，与善保持一段距离并且与善明显不同，那么我们在某种程度上就是正确的。在它们之间有着一种对立。那些认为善与恶的对立只是表面的或者相对的人，也并不承认恶与善在绝对中是同一的，有如近来许多人所常说的，一物之所以成为恶，只是我们的主观看法使然。当我们把恶看作一种永久性的实在的事物，而不是一种否定的时候，错误也就产生了；须知恶实际上是一种否定，尽管它乐意显示自己的重要性，但却并没有真正的持续性，事实上，它只是否定性自身的绝对假象。

36. 形而上学的第四个分支，是自然神学或者说理性神学。有关上帝的概念，或者说作为一种可能存在的上帝，有关他的存在的证据，以及他的特性，形成了这个分支的研究对象。

A. 当知性在这样讨论上帝的时候，它的主要目的是要找到，什么谓项与我们想像中的上帝这个事实相一致，又有什么谓项不相一致。在这样做的时候，知性假定，在肯定与否定之间的对立是绝对的；因而从长远的观点来看，对于知性所接受的那个概念来说，所剩下的只有空虚抽象的不确定的存在，只有空虚抽象的实在或者实证，这是现代“自然神论”① 的毫无生命的产物。

---

① 自然神论（Deism），亦译理神论，它提倡以理性为宗教的基础，认为上帝创造世界后即不再干涉世界，任由世界按自然规律运动。

B. 在有限知识中所采用的证明方法，总会导致对真正秩序的倒置。这是因为它要求对上帝的存在的某种客观根据作出陈述，而这样一来也就开始具有了是从某个别的事物推导出来的现象。这种证明方式，实际上是被单纯的在逻辑上必然的同一性的准则所指引的，因而也就陷于从有限过渡到无限的困难。现存世界同以往一样是一个事实，而那种困难要么就是现存世界的限度忠实于上帝的概念，而上帝又不得不界定为那个世界的直接实体——这就陷于泛神论[①]；要么就是上帝仍然是一个与主体相对立的对象，而这样一来就是有限的——这就陷于二元论了。

C. 上帝的属性，本来应该是多种多样而又精确的，但严格地说来，却陷入并消失在纯粹实在的抽象概念之中，陷入并消失在不确定的存在的抽象概念之中。然而在我们的以经验为根据的思维之中，与此同时有限的世界却继续拥有一种真正的存在，而且是以上帝作为一种对照，而这样一来就进一步出现了一幅上帝与世界所产生的不同的关系的画面。一方面，这些被系统地表述为属性的关系，既然是与有限情况的关系，也就必须自身就拥有一种有限的性质（给予我们诸如正义、仁慈、威力、智慧等性质）；而另一方面，它们又必须是无限的。现在在思维的这个层次上，让这些对立的要求得到调和的唯一手段，而且又是一种朦胧的手段，就是在数量上把这些属性予以提高，迫使它们进入不确定性——进入那种至高无上的感觉（sensus eminentior）。但它却又是一种实际上毁灭了那些属性、使其有名无实的权宜之计。

---

① 泛神论（Pantheism），一种宗教理念，认为上帝与宇宙是同一件事情，上帝出现在一切自然事物之中。

附释:

旧形而上学的宗旨，就是要看到，理性凭一己之力究竟能够认识上帝到什么程度。当然，通过理性去认识上帝是哲学的最高课题。最早的宗教教义，是有关上帝的一些表象概念。这些概念，按照教义对它们的安排，也就在我们小的时候传授给了我们。它们是我们的宗教的教义，一个人如果把信念建立在这些教义的基础上，并感到它们就是真理，那么他也就拥有了作为基督徒所需要的一切。这就是信念，而研究这种信念的科学就是神学。但只有在神学不仅仅是这些来自外部的（ab extra）教义的单纯列举和汇编的时候，才有资格被称之为科学。即使当前如此时髦的方法——也就是纯粹历史性的处理方式——例如它报道说，这位或那位教会神父说了什么，也不能给神学赋予一种科学的性质。要给神学赋予一种科学的性质，我们必须继而通过思维来理解事实——而这就是哲学的责任。这样一来，真正的神学也就同时是一种真正的宗教哲学，我们还可以说，中世纪的神学就是一种真正的宗教哲学。

现在让我们更仔细地检查这种理性的神学。理性神学是这样一种科学，它不是通过理性走近上帝，而是通过知性来走近上帝，而且在其思维方式中，它还使用了那些不带有其相互的局限和联系意义的术语。上帝的概念形成了讨论的对象，然而我们的知识的标准，却又是源自有关上帝的具体化了的概念这样的外部来源。思维在其运动中必须是自由的。毫无疑问应该记得，独立思考的结果能够与基督教的含义达到和谐——因为基督教是理性的一种揭示。但这样一种和谐却非理性神学的努力所能达到。理性神学打算从思维的方面来界定有关上帝的表象概念，但结果却产生了有关上帝的这样一种概念，那就是我们可以称之为的肯定的抽象概念或者实在的抽象概念，结果是排除了一切否定。上帝也就相应地被界定为一切存在中的最真实的存在。然而谁都能够看出，这个最为真实的存在，由于其中根本就没有否定，也就恰恰成为它应该成为的事物的对立面，成为知性认为它应该成为的事物的对立面。它并不是无可估量地丰富和充实，而是被这样狭隘地构想出来，结果相反变得极其贫乏和完全空虚。心灵有理由渴望得到真理的具体的实质内容；但如果概念中没有包含确定的特性，也就是说，如果没有包含否定，那么就只能有抽象概念。当上帝的概念只是作为抽象的或者最为真实的存在的概念被领悟的时候，那么上帝也就好像被贬谪到了另外一个不可及的世界，而说到有关上帝的知识也就会没有意义。如果没有确定的性质，也就不可能有知识。纯粹的光明就是纯粹的黑暗。

理性神学的第二个问题，就是要证明上帝的存在。现在，在这个方面，需要注意的要点就是，知性所采用的证明，意味着一个真理对另外一个真理的依赖。在这种证明中，我们拥有一种预先假定——某种坚实而又稳固的东西，又有某个别的东西随之而来；我们是从一个假定的出发点来展现某个真理的依赖性。因而，如果这种证明方式被应用在上帝的存在上，那么它就只能意味着，上帝的存在是依赖于其他的条件，而那些条件又构成了他的存在的理由。立即变得明显的就是，这会导致某个错误的产生，因为上帝必须纯粹是一切事物的根据，而且是唯一的根据，而且就此范围说来并不依赖于任何别的事物。由于感知到这种危险，所以在现代有人说，上帝的存在是不能够证明的，而是必须直接地或者本能地予以领悟。然而理性，甚至合理的常识却都证明，有一种意义与知性的意义迥然不同。理性的论证毫无疑问是从某个并不是上帝的事物出发的。但是，理性在进行论证的时候，却并不是让出发点成为一个纯粹没有得到解释的事实，成为它原先的那个样子。相反，它展现出，那一点是被推论出来的，是被召唤出来的，这样一来上帝就被看作是最初的，真正是无中介的和依靠自力生存的，同时那种推论的手段又在自身之中被隐藏起来，被扬弃了。有些人说，“你如果考虑自然，自然就会引导你走向上帝，你将发现一种绝对的最终原因，”他们并不是说，上帝是某个被推论出来的事物，而是说，我们是从另外一个事物前往上帝自己；这样一来，尽管上帝是逻辑上的必然结果，却也是最初的一步的绝对根据。这两个事物的关系是逆向的，作为结果而出现的事物，却又被表现为发生在前面的事物，原先的发生在前面的事物，又被归结为结果。而且，每当理性进行论证的时候，始终都是用这个方式。

如果按照当前的讨论，我们再对作为一个整体的形而上学的方法加以扫视，那么就会发现，形而上学方法的主要的特性，就是使得抽象的同一性成为它的原则，并试图通过知性的抽象而又有限的范畴来领会理性的对象。但知性的这种无限性，这种纯粹的实质，却仍然是有限的：它排除了特殊事物的一切多样化，而这样一来特殊事物又对它进行了限制和否定。这种形而上学并没有赢得一种具体的同一性，而是牢固地继续待在一种抽象的同一性上。它的好处在于它感知到，只有思维才构成一切存在着的事物的本质。它从早期的哲学家们那里获得了它的材料，尤其是从经院哲学家们那里获得材料。在思辨哲学中，知性毫无疑问形成了一个阶段，但却并非一个我们应该永远站立在那里的一个阶段。柏拉图决非这种有瑕疵的形而上学家，亚里士多德更不是，尽管人们普遍认为他们是这样的形而上学家。

第四章　思维对客观性的第二种态度

一、经验主义

37. 在这种情况下，人们也就开始感到有一种双重的需要。一方面，需要有一种具体的论题，使它与知性的抽象理论达到一种平衡，因为知性不能以一己之力从其一般的原则走向特殊化和结论。而另一方面，又希望能获得某个固定而又安全的事物的要求，以便排除能证明在领域内的任何事物和其他一切事物的可能性，并且按照这个方法排除思维的有限界说的可能性。这就是以经验为依据的哲学的起源，以经验为依据的哲学放弃了在思维自身当中对真理的寻找，而是从经验中推导出真理，从外在的和内在的当前中推导出真理。

附释：

经验主义的兴起，是由于被这样陈述出来的对具体内容的需要，以及对一种稳固的立足点的需要——而知性的抽象形而上学却未能满足这些需要。所谓内容的具体性，指的就是我们必须认识到，意识的对象在本质上是确定的，而且是显著特征的统一。但我们已经看到，如果它与知性的原则相一致的话，那么这就决非知性的形而上学的情况。思考由于使用了单纯的知性，也就局限于一种抽象的共相的形式，永远也不能进展到这个共相的特殊化。这样一来我们也就发现，形而上学家们所从事的，是试图通过思维的手段，把灵魂的本质或者基本属性推导出来。他们说，灵魂是简单的。这种被这样归属于灵魂的简单化，也就意味着是一种单纯而又彻底的简单化，区别性也就从中被排除了：区别性，换句话说也就是复合性，被当成了肉体的属性，或者说是一般物质的属性。显然，在这种狭隘类型的简单化中，我们拥有一种非常肤浅的范畴，它全然不能包括灵魂的财富或者精神的财富。当抽象的形而上学思维是不能胜任的情况这样出现的时候，人们也就感到，必须求助于以经验为依据的哲学。在理性物理学中也发生过同样的事情。例如，流行的用语就有，空间是无限的，自然界不会飞跃，等等。显然，在丰富而又充满生命力的自然界面前，这种措词完全是不能令人满意的。

38. 在某种程度上可以说，经验主义与形而上学共同拥有这个来源。正是在我们的具体化了的概念中，也就是说在首先是来自经验的事实中，那种形而上学也找到了对其界说的正确性的保证，（这既包括它的最初假定，又包括它的学说的更为详尽的主要部分）。但另一方面，也必须注意到，单一的感觉与经验并不是一回事，而经验主义学派则把包括在感觉、感情和感知之内的事实，提升为一般的理念、命题或者法则的形式。然而它在这样做的时候却有所保留，也就是说这些一般的原则（如物理学中的力的原则）所具有的自身的含义或者效力，应该不超过从感觉与印象中所得到的含义或者效力，而且除了能够表明是存在于现象之中的联系之外，任何联系都不能被认为是合乎逻辑的。而且在主观的一面，经验主义的认知拥有了它的稳定的立足点，因为事实上在感觉中，意识是直接出现的，而且对自身有把握。

一个伟大的原则存在于经验主义之中，也就是凡是真实的东西，必须是在现实世界之中，并且出现在感觉之中。这个原则与那种“应该是”相悖，“反思”凭借“应该是”而足够自负地带着轻蔑来对待实际上的当前，并且表明大有可能存在着一个更远处的领域——据臆断只是在那些谈论到那个领域里的人的知性之中，那个领域才拥有地点和存在。哲学（参见第7小节）一点也不逊色于经验主义，它只承认现实的事物，与仅仅是应该存在的事物以及这样一来又承认并不存在的事物毫无关系。而且在主观的一面，注意到包括在经验主义之中的那个珍贵的自由原则也是正确的。这是因为经验主义所带来的主要教训就是，人必须亲自去看，并且感到，他是出现在他不得不接受的知识的每一个事实之中。

当经验主义得以实行，产生出其合乎逻辑的后果的时候，由于它的内容被限制在限的领域之内，经验主义也就否定一般的超感官的事物，或者说起码否定将会界定其性质的有关超感官事物的任何知识；除了抽象概念和形式上的普遍性以及同一性之外，它并没有给思维留下任何力量。但在一切科学的经验主义之中，却有着一种根本的错觉。科学的经验主义使用了物质、力以及一、多、普遍性、无限性等形而上学的范畴。它沿着这些范畴所提供的线索，进而着手得出结论，而在这样做的时候，又作出预先假定，并应用了演绎推理的形式。而且与此同时，它又并没有意识到，它包含了形而上学——在运用形而上学的时候，它又以一种全然欠考虑的和不加批判的风格，使用了那些范畴以及那些范畴的组合。

附释：

从经验主义传来了这个呼声："不要再在空洞的抽象概念中游荡了，睁开你的眼睛，掌握在这里出现在你面前的人类和自然，享受当前的时刻吧。"谁也不能否认，在这些话当中有大量的真理。用这个日常的世界，用这里和现在的事物，去替代那无益的想象中的世界——替代抽象知性的幻想和妄想，当然是合算的交易。而这样一来也就获得了一个无限原则——获得了旧形而上学所完全没有拥有的那个坚实的立足点。知性所能拣起来的，充其量也就是一些有限原则——而由于这些原则在本质上又是不稳定和摇摇欲坠的，因而它们所支撑的建筑物也就一定会轰然倒塌。理性的本能，始终就是要找到一种无限的原则。然而要在思维中找到它，时机却尚未来到。因而这种本能也就利用当前，利用这里，利用这个——毫无疑问这里有着含蓄的无限形式，但却并不是无限形式的真正实际存在。只要无限原则能够认识外部世界，那么外部世界就是真理，因为真理是实际的，因而必须存在。因而，那个无限原则，那个自我中心的真理，也就在那个要由理性去发现的世界里，尽管它是以一种个体的和合乎情理的形态存在，而不是存在于其真理之中。

除此之外，这个学派使得感觉感知成为领会事实的形式，而经验主义的瑕疵就在于此。感觉感知就其本身而论，始终是个体的，始终是转瞬即逝的；确实，认识的过程并非在感知上戛然而止，相反，它继而在被感觉所领会的个体中找出那个普遍而又持久的成分。这就是从简单的感知通向经验的那个过程。

为了能够形成经验，经验主义着重使用了分析的形式。在感觉的印象中，我们拥有了许多成分的一个具体的观念，其几个属性要由我们一个一个地把它们剥落下来，就像剥落洋葱皮一样。在这样分解事物的时候，可以意识到，我们使把这些结合成为一体的属性解体了，把它们拆开，并且除了我们自己的解体行动之外，什么也没有增加。然而分析却是从感觉的直观性前往思维的过程：被分析的对象所拥有的那些结合在一起的属性，则由于被分离开来而具有了普遍性的形式。因而如果经验主义假定，在分析对象的时候，它还让对象保持原样，那么经验主义就是陷于错觉：实际上，它是把具体的事物改造成了抽象的事物。而由于这种改变，活着的事物被杀死了，因为生命只能存在于具体事物之中和一个事物之中。如果我们的动机是要领会的话，那么我们就不能不作出这种分割。精神本身就是一种固有的分割。错误就在于忘记了，这只是过程的一半，而要点却是让被分开的部分再次结合起来。正是在分析从未超越划分的阶段的地方，诗人的话才是真实的：

如果你想描述生活并猜想其意义，
那你首先就一定是把生活的精神驱逐出去，
这样一来，尽管生活的部件——牢牢地在你的手中，
但连接部件的精神，唉，却消失了！
“自然的实验室”只不过是一个名称而已，
炼金术士利用这个名称来掩盖他本人的耻辱。①

分析是从具体的事物开始的，拥有这个材料，也就给分析以大大超

① 语见歌德的诗剧《浮士德》。浮士德是16世纪初的一位德国博士和学者，通晓魔术。传说他向魔鬼出卖灵魂，以换取知识和权力。这里的诗句是歌德诗剧《浮士德》中魔鬼墨菲斯托菲里斯的话，他装扮成浮士德，给刚刚到来的学生提出忠告，这是忠告中的一部分。

出旧形而上学的抽象思维的优势。分析确立了在事物当中的区别，这是非常重要的，但这些区别本身，也毕竟只不过是抽象的属性而已，也就是说，只不过是想法而已。据假定，这些想法包含着对象的真正实质，而这样一来我们也就再次看到，以往的形而上学家们的原则又再次出现了，也就是事物的真理存在于思维之中。

下面让我们在它们各自的内容上，把经验主义的理论，与形而上学的理论进行比较。正如已经说过的那样，我们发现，形而上学是把理性的普遍对象，也就是上帝、灵魂和世界，来当作它的主题的；而这些主题，由于是从流行的概念中被接受的，因而把它们归结为思想的形式，也就成了哲学的问题。这相同的方法的另外一个样品，就是经院哲学，经院哲学所预先假定的主题是由基督教教会的教义形成的，它旨在固定它们的意义，并通过思维对它们进行系统的安排。——经验主义所依据的事实，在种类上是完全不同。它们是自然界的感觉内容和有限精神的内容。换句话说，经验主义处理的是有限材料——而旧形而上学家们所拥有的则是无限材料——容我们附带补充一句，尽管通过知性的有限形式，它们又使得这个无限内容变得有限了。形式的这种相同的限度又再次出现在经验主义之中——但在这里内容也是有限的。这样一来，在这个程度上，哲理推究的这两种方式都拥有了相同的方法，二者都是从论据或者假定出发，它们把论据和假定当作终极的东西接受下来。一般来说，经验主义是在外部世界发现真理，即使它允许有一种超感觉的世界存在，它也认为，要认识那个世界是不可能的，并且会把我们限制在感觉感知的领域之中。这个学说，当被系统地发挥出来的时候，也就产生了后来被称之为的唯物主义。这样的唯物主义把物质，把就其本身而论的物质，看作真正的客观世界。但我们和物质在一起，又立即被带进一种抽象概念之中，而抽象概念就其本身而论又是不能被感知的。因而可以断言，并无物质这个东西，因为物质在存在的时候，始终是某个确定而又具体的东西。然而我们称为物质的这个抽象概念，却被认为是位于整个感觉世界的基础，并且用其最简单的话语来表现这个感觉世界，把感觉世界看作彻头彻尾的个体化，因此也就在相互排斥的时候产生了要点的一种聚集。这样一来，只要对经验主义而言这个感觉领域是一种单纯的论据，并且继续是一种单纯的论据；那么我们也就拥有了一种不自由的学说。因为自由的真义在于没有绝对的外物与我对立，而是依赖于一种“内容”，这内容就是我们自己。除此之外，从经验主义的观点来看，理性和非理性只能是主观的，换句话说，我们必须接受外界所给予的事实，是怎样就是怎样，而且我们也没有权利询问，就其本身的性质而言，外界所给予的事实究竟是否合理，又在何种程度上是合理的。

39. 关于这个原则，曾经有一个正确的看法，就是在我们所称之为的经验当中，有两个成分，因为经验与对单一的事实的纯粹单一的感知不同。一种成分就是物质，物质就其多样性而言是无限的，而且实际上是一组纯粹的单一事物；另外一种成分就是形式，是普遍与必然的特性。纯粹的经验毫无疑问提供了许多甚至不可胜数的类似的感知，但毕竟普遍性与一大堆事实完全是两回事。同样，纯粹的经验能够感知彼此接续的变化和并列的对象，但却并没有呈现出必要的联系。因而，如果感知要坚持自己的断言，说自己是人们所认为的真理的唯一基础的话，那么普遍性与必然性也就显得是某种不合逻辑的东西了：普遍性与必然性变成了我们的精神的一种偶然因素，是一种纯粹的习惯，其内容可以如此，也可以并非如此。

这个理论的一个重要的必然结果就是，按照这种经验主义的处理方式，法律上和伦理上的原则和法则，以及宗教的真理，都被展现为或然性的产物，并被剥夺了其客观的性质和内在的真实性。

这个结论主要是因为休谟[①]的不可知论而得出的，应该把休谟的不可知论与古希腊的怀疑主义清晰地区分开来。休谟假定，以经验为依据的成分、感情和感觉是真实的，并进而对普遍的原则和法则提出质疑，因为普遍的原则和法则并没有得到来自感觉感知的保证。而古代的怀疑主义却远远没有把感情和感觉当作真理的准则，因而首先也就对感官事物的真实性加以怀疑。（有关现代不可知论与古代怀疑主义的比较，请参看谢林与黑格尔合编的《哲学评论杂志》，1802 年第 1 卷第 1 期。）

二、批判哲学

40. 与经验主义一样，批判哲学也假定，经验为种种认知提供了唯一的基础，然而经验又不让认知位列于真理之中，而只是把它们当作有关现象的知识。

① 休谟（David Hume，1711—1776），英国哲学家、经济学家、历史学家，不可知论的代表人物。认为知觉是认识的唯一对象，否认感觉是外部世界的反映，主要著作有《人性论》《人类理智研究》等。又，不可知论与怀疑主义在英文是同一个词，scepticism，或者 skepticism，译文不同而已。

批判哲学最早是开始于对经验的分析中呈现出来的种种成分的区分，也就是开始于对感觉材料与其普遍关系的区分。前面一节介绍了休谟对这个区分的批评，也就是感觉能力只能清楚地理解个体或者单纯的事件；批判哲学把休谟的这个批评考虑进去，同时又强调了这个事实，即应该看到，普遍性与必然性要行使的那种功能，在所谓的经验的构成中同样是必不可少。这个成分，由于并不是从就其本身而论的以经验为依据的事实推导出来的，也就一定是属于思维的自发行为；换句话说，它是先验的（priori）。知性的种种范畴或者概念，构成了从经验出发的认知的客观性。在每一个情况中，它们都涉及一种有连接力的关系，因而通过它们的手段，综合的判断也就先验地形成了，也就是说，形成了对立面的最初的和非派生出的联系。

甚至休谟的不可知论也并不否认，普遍性与必然性的特性见于认知之中。而且甚至在康德的哲学中，这个事实也仍然只是一种预先假定；用科学的一般用语来说，可以说康德所做的，只不过是对这个事实提供了另外一种解释而已。

41. 批判哲学接着检查了在别的科学以及一般构想中所使用的范畴，也检查了在形而上学中所使用的范畴。然而这种详细的检查却并不是针对这些范畴的内容，也并不探究它们彼此之间所拥有的准确关系，而是只不过就它们从在主观与客观之间的对照所受到的影响来考虑它们。就这里所了解的，这个对照与在经验中的两种成分之间的区别（见前一小节）有关。在这里，客观性这个名称被给予了普遍性与必然性这个成分，也就是说给予了那些范畴自身，或者说是给予了所谓的先验的构成部分。然而批判哲学却又以这种方式扩大了这个对照的范围，结果主观性得以把经验的整体（ensemble）都包括了进去，包括上述的那两种成分；而在另外一边所保留的，则只是“自在之物”[1]了。

思维尽管有客观性，但却被看作一种纯粹的主观活动；先验（a priori）成分的特殊形式，换句话说也就是思维的特殊形式，是以一种系统的秩序把自己呈现了出来，而那种系统的秩序，又可以说是完全建筑在心理和历史的基础之上。

附释：

（1）当旧形而上学的术语受到详尽检查的时候，也就毫无疑问是迈出了非常重要的一步。在那些将自己自然呈现出来的范畴之中，素朴的思考者是继续不加猜疑地前进着。他从未想到要询问，是在什么样的程度上，这些范畴拥有了价值，拥有了自身的权威。如果正如所说过的那样，自由思维的特性就是不接受未经质疑的假设，那么旧形而上学家们就不是自由的思考者。他们没有再花费什么功夫，就把这些范畴按照原样接受了下来，把它们当作尚未得到反思检验的先验的论据。而批判哲学正与它相反。康德所着手做的，就是检查思维的形式能在多大程度上通向有关真理的知识。他尤其要求，应该对认知的能力进行批评，因为这是运用认知的准备工作。如果这应该意味着，甚至思维的种种形式也应该成为研究的对象的话，那么这就是一个说得过去的要求。不幸的是，不久便产生了那种以为在得到知识以前就已经有了知识的误解——产生了那种在学会游泳之前拒绝下水的错误。确实，在使用思维的种种形式之前应该将它们置于详尽检查之中：然而就该事实而论（ipso facto），这

[1] 自在之物（thing - in - itself），这是源自康德的用语，表示不可指的实在，与“现象”（phenomenon）相对应。

种详尽检查如果不是一种认知，又是什么呢？这样一来，我们所需要的，就是在我们的探究的过程中，把思维形式的活动与对思维形式的批评结合起来。必须就其根本的性质和完全的发展来研究思维的形式：思维的形式既是研究的对象，同时又是那个对象的活动。因而思维形式检查思维形式自身：在它们自己的行动中，它们必须确定它们的局限，并且指出那些局限的瑕疵。这就是思维的那种活动，在后面谈到辩证法的时候，思维的那种活动将会得到特殊的探讨，而有关思维的那种行动，我们只需先行指出，它并没有从外部来影响那些范畴，而是就内在于那些范畴本身之内。

由此可见，康德哲学主要在于指出，思维必须亲自考察自身的知识能力。现今人们已经超越了康德和康德哲学：每一个人都想走得更远一些。不过走得更远一些有两个途径——一个是向后走，一个是向前走。批评之光很快就表明，我们现代的许多哲学文章，只不过是旧形而上学方法的重复而已，是在被每一个人的精神的自然倾向所决定的常规中，一种无休止而又无批判的思考而已。

(2) 康德对思维范畴的考察，有一个严重的瑕疵，那就是他并没有从这些思维范畴的本身去考察它们，而是为了看出它们究竟是主观的还是客观的。在日常生活的语言中，我们所说的客观，指的是存在于我们之外又通过感觉从外部来到我们身边的事物。康德所做的，就是否认在这个意义上，像因果这样的范畴就是客观的，或者说是在感觉中被给予的；康德还主张相反的看法，认为这些范畴属于我们自己的思维本身，属于思维的自发行为。因而在那个程度上，它们是主观的。然而尽管如此，康德却把原本是思维的事物称之为客观，把共相和必然称之为客观，与此同时他又把凡是仅仅被感觉到的事物，都描述为主观。这种安排显然颠倒了对这个词被最初提及的那种用法，使得康德被指责为混淆了语言的用法。但如果我们更狭义地考虑这个情况的事实的话，就会看到这个指责是不公正的。平民百姓相信，面对着他们的感知对象，比如一个单独的动物，或者一颗单一的星星，是独立而又持久的存在，与它们相比，思想是无实质的，依赖于某个别的事物。然而事实上，感觉的感知是那种在严格意义上依赖的和第二位的特征，而思想却是真正独立的和第一位的。既然如此，康德也就把客观性这个头衔给予了智力因素，给予了共相与必然：而且他这样做是完全有道理的。另一方面，我们的种种感觉是主观的，这是因为种种感觉就其自身性质而言缺乏稳定性，思维是多么持久而又自立，种种感觉就是多么一闪而过，转瞬即逝。在当今，康德特别为主观和客观所作的区分，已经成为知识界的习用语。这样一来，据说对一件艺术品的批评，也就不应该是主观的，而是客观的；换句话说，批评不应该是出于一时的特殊而又偶然的感觉或者心情，而是应该将目光盯在艺术的法则所确立的那些普遍观点上。在这个概念的相同的公认意义上，我们就能够在任何科学研究中，区分出该项研究的客观兴趣和主观兴趣。

但毕竟，在康德的意义上，思维的客观性在某种程度上还是主观的。按照康德的说法，尽管思想是普遍而又必要的范畴，但却也只不过是我们的思想——与事物之间隔着一条不可逾越的鸿沟，因为事物是存在于我们的知识之外的。但思考的真正客观性意味着，思想想法远非仅仅是我们的，而是必须同时是事物的真正的实质，是作为我们的对象的不论任何东西的真正的实质。

客观与主观是现今使用的方便词语，对它们的使用会轻易便导致混乱。至此这个讨论已经表现出了客观性的三个意义。首先，它意味着那种具有外在存在的事物，与此形成对照的就是，主观性就只是被假定的事物，被梦想到的事物，等等。其次，它拥有被康德所附加于其上的那种普遍性和必然性的意义，它与属于我们的感觉能力的那种特殊的、主观的和偶然的成分不同。第三，正如刚刚解释过的，它指的是现存事物的那种被思维所领会的本质，它有别于我们的单纯思维，有别于结果仍然与事物本身相分离的事物，因为它是存在于独立的本质之中。

42. （a）理论的能力——论认知之所以为认知。

康德的批判哲学指出，这些范畴的特定理由，就在于在思维中的“我”的原始的同一性——也就是康德所称为的“自我意识的超验统一”①。从感觉和感知所获得的印象，就其内容来看，是种种成分的多样性或者混合物，而且就其形式来看，那种多样性也同样显而易见。这是因为感觉的特征，就是成员之间的相互排斥；这种相互排斥又受到时间和空间这两个方面的控制，时间和空间由于是形式，是感知的普遍类型，因而它们自身就是先验的。然而由感觉和感知所提供的这个聚集，却必须被归纳为一种同一性或者基本的综合。为了做到这一点，“我”也就使自己与自身产生关系，并在那里把自己结合在康德所称之为的“纯粹统觉②”的那一个意识之中。自我在其中将自己称之为感觉的多样性的那些特定方式，也就是纯粹的知性概念，也就是范畴。

众所周知，康德在发现那些范畴的时候，并没有使自己遭遇到多少麻烦。“我”，也就是自我意识的统一，由于是非常抽象的而且

① 超验的（transcendental），哲学术语，意为以先验知识为基础的，直觉的。由此有了超验主义（transcendentalism），即认为无需通过实践只凭研究思想也可获得知识的哲学观点，它强调精神与超越，贬低物质与经验。

② 统觉（apperception），哲学术语，意即含自觉之知觉，也就是精神赖以意识到它的理念是自身的理念的那种活动。

又是完全不确定的，因而问题也就出现了，我们怎样才能发现“我”的那些特殊化的形式，也就是那些范畴？幸运的是，普通的逻辑学为我们提供了对判断的种类的一种以经验为依据的划分。现在，作出判断与想到一个确定的对象是同一回事。因而各种各样的判断方式在我们的手中被列举的时候，也就为我们提供了各种各样的思维范畴。费希特[①]哲学的一大功绩，就是让人们注意到，有必要展现出这些范畴的必然性，并把这些范畴真正演绎出来。费希特哲学应该说起码对逻辑的方法产生了一种效果。也就是说，他曾昭示人们，思维的一般法则，也就是逻辑学家们的一般的惯用手法，或者说是对概念、判断以及演绎推理的划分，均不能只是从事实的观察取得，或只是根据经验去处理，而必须从思维自身推演出来。如果思维应该能够对任何东西作出证明，如果逻辑学必须坚持作出证明的必要性，如果逻辑学是要讲授论证理论的话，那么逻辑学首先应该关注的，就是它能够为自己的主要内容提出一个理由，并看出这是必要的。

附释：

(1) 因而康德认为，思维的范畴以“自我”为其本源，而普遍性与必然性皆出于“自我”。如果我们观察首先出现在我们面前的事物，我们就可以把它描述为一种聚集或者多样性；而在思维范畴之中，我们则发现了简单的点或者最小整数[②]，而这个聚集就是要会聚在那些简单的点或

---

① 费希特（Johann Gottlieb Fichte，1762—1814），德国唯心主义哲学家。认为真正的知识只能是“自我”的创造活动，强调“自我”的能动性。主要著作有《知识学基础》、《人的使命》等。

② 点与最小整数都是数学用语。点（point）是相对于线和面而言；最小整数（unit），就是“一”。

者最小整数之上。感觉的世界是一个相互排斥的场景，它的存在是在它自身之外的。这就是感性事物的基本特点。“现在”如果不是就此前或者此后而论的话，就没有意义。同样，红色只有与黄色和蓝色相对立才在逻辑上成立。这个他物系外在于感性事物，而感性事物之所以存在，只是由于他物的存在，并且由于他物与它对立。但思维或者说“自我”所占据的位置，恰恰与感性事物相反，自我有着其相互的排斥，它的存在是在自身之外。“我”是主要的同一性——与自身相一致，完全熟悉自身。“我”这个字表达出来的，是单纯的对自我施加影响的活动；而且不管是什么被置于这个最小整数或者焦点上，它都受到“我”的影响，转化为与“我”一体。“我”可以说就是熔炉和火，炉火消耗掉感觉的松散的多重性，把它化为单一性。这就是康德所称的纯粹的统觉，它与普通的统觉不同，普通的统觉所接受的多重性仍然是一种多重性，而纯粹的统觉更确切地说是这样一个活动，“我”通过这个活动使得材料变成了“我的”。

这个看法起码有一个长处，那就是它正确地表现出了一切意识的性质。人的一切努力的倾向，就是要理解世界，要擅自使用世界，并使世界顺从自己；而为了达到这个目的，可以说世界的实证的实在也就必须被压坏捣碎，换句话说必须被理想化。与此同时我们也必须注意到，把一个绝对的统一引进感觉的多样性之中的，并不是我们的个人自我意识的单纯活动。更确切地说，这个同一性本身就是绝对事物。可以说这个绝对事物是非常的宽容，听任个体的事物过得快活，又再次驱使它们返回绝对的统一。

(2) 像“自我意识的超验统一”这样的词语，在身上有一种可怕的外表，好像背后藏匿着一个怪物似的；但它们的意义却并不像显得那样深奥难懂。康德所说的超验性，其内涵可以通过他区分超验性与超验事物的方式推断出来。超验的事物，可以说是迈出了知性的范畴的事物；这种意义的用法，最初见于数学。这样一来，在几何学中，你被告知，应该设想一个圆的周长，是由数量无限的无限小的直线形成的。换句话说，那些在知性看来完全是不同的特征，直线和曲线，被明显地赋予了同一性。另外一个种类相同的超验事物，就是自我意识，它与自身是同一的，自身又是无限的，这就与一般的意识不同，一般的意识是从有限的材料中取得了其形式和特性。然而，自我意识的那种统一，康德只称之为超验的；因而他的意思是说，自我意识的统一只存在于我们的头脑之中，并不归属于我们所认识的对象之外的对象。

(3) 对于头脑正常的人来说，把范畴看作只是主观的，也就是说看作是我们自己的一个部分，似乎非常奇怪；而且毫无疑问，在它身上有某种古怪的东西。然而完全真实的是，范畴并不包含在所给予我们的那种感觉之中。例如，当我们看着一块糖的时候，我们发现它又硬，又白，又甜，等等。我们说，这些性质全都统一在一个对象里面。而在感觉中并没有发现的，正是这种统一性。如果我们设想，有两个事件处于因果关系，那么同样的事情也就发生了。感觉只是告诉我们，有两个不同的事件在时间上相互接续。但其中的一个是因，另外一个是果——换句话说，在二者之间的构成原因的联系——并没有被感觉所感知；它只是显见于思维。不过尽管像统一性或者因果这样的范畴，严格说来是思维的性质，但却绝非意味着，它们必须仅仅是我们的，而且也并非是对象的特性。然而康德却把它们限制在主观的头脑之内，因而他的哲学可以称之为主观唯心主义：因为他认为，不论是知识的形式还是知识的内容，都是由自我提供的——或者说是由进行认识的主体提供的——形式是由我们的智力提供的，内容则是由我们的有感觉力的自我提供的。

有关主观唯心主义，此处毋庸赘述。也许乍一看可以想象，当对象的统一性被转移到主体上的时候，对象就会丧失它们的实在性。但它们拥有存在这个单纯的事实，并不会让我们有所得，也不会让对象有所得。关键并不在于它们存在，而是在于它们是什么，在于它们的内容究竟是否真实。只是说事物存在，对事物并无裨益。拥有存在的事物，当时间不知不觉地走过它的时候，也就不再存在了。还可以断言，主观唯心主义倾向于促使自负的产生。但想必如果一个人的世界应该是他的感性感知的总和的话，那么他也就没有理由对这样一个世界产生虚荣。因而如果在把主观与客观之间的这种区别搁置在一边，认为并不重要，那么我们的主要兴趣，就是要知道一个事物是什么，也就是说要知道它的内容是什么，而它的内容则既是主观的，又是客观的。如果单纯的存在就足以创造出客观性的话，那么甚至一个犯罪的行为也是客观的实在；但犯罪的行为本质上是没有真实存在的，等到罪行后来受到惩罚的时候，更足以显得它没有真实的存在。

43. 这些范畴可以在两个方面上予以看待。一方面，正是借助于它们的手段，感觉的单纯感知才上升到主观性和经验。另一方面，这些观念又仅仅是在我们的意识中的统一体，因而它们也就受到所给予它们的材料的制约，而且由于根本就没有自己的东西，因而它们只能被应用在经验的领域之内。但经验的另外一个构成部分，也就是感觉和感知的印象，却同这些范畴一样主观。

附释：

断言这些范畴本身是空虚的，就很难说是正确，因为无论如何，它们都拥有内容，那是存在于它们所拥有的特殊种类和意义之中的内容。当然这些范畴的内容并不能为感官所感知，也并不是存在于时间和空间之中；但确切地说这正是一种长处，而不是短处。可以看到，少许内容的意义就能够影响我们的一般思考。例如，据说一本书或者一个演说在其中拥有大量的东西，充满了内容，这与可以在其中发现的数量更多的思想和一般的结果相称；而与此同时，相反我们永远也不应该说任何一本书，比如一本小说，由于写了数量众多的事件、形势，以及诸如此类的东西，而内容丰富。甚至公众的意见也承认，要使一部作品内容充实，就需要某种超出感觉材料的东西。这种额外的迫切需求，如果不是思想，或者首先就指范畴，又是什么呢？然而应该附带说明的是，说范畴本身是空虚的，并非完全错误。因为范畴以及范畴作为成员所构成的逻辑理念，并非构成哲学的整体，而是在适当的进展中必然通向自然和精神的真正活动领域。只是不要让这个进展受到误解。由此逻辑理念也就并没有拥有原先并不为它所知的内容，而是通过它自己的正常行动受到限定，被阐发为自然和精神。

44. 其必然结果就是，范畴并不是表达绝对事物的合适术语——绝对事物并不是在感知中被给予的，而知性，或者说通过范畴所获得的知识，因而也就不能认识自在之物。

自在之物（甚至精神和上帝也包含在“物”之内）表达的意思是，当我们看不到意识对对象所理解的一切，看不到它的一切情感的方面，看不到有关它的一切特定的思想的时候，对象是什么情况。很容易看出，这里所剩余的只是对每一个表象、感觉和特定思想的否定——是极端的抽象，完全的空虚，只不过仍然被描述为一个“想象中的世界”。也并不需要大量的洞察力就可看出，这剩余的渣滓（caput mortuum），仍然只是思维进展到不掺杂质的抽象的时候所形成的一个产物：这就是空虚的“自我”的产物，它把其自身的这种空虚的同一性当作对象。这个抽象的同一性接受了这个否定特性，把它当作一个对象；这个否定特性也被列在康德的范畴当中，与前述的那种空虚的同一性同样为人们所熟悉。因而在经常读到认为自在之物是不可知的论述的时候，人们只能感到惊讶。因为恰恰相反，最容易认识的莫过于自在之物了。

45. 理性是不受条件制约的能力，而正是理性发现了被包括在经验之中的知识的受到制约的性质。这样一来所谓的理性的对象，也就是无限的或者不受条件制约的事物，只不过是同一性而已，或者说是在思维中的“自我”的主要同一性（这在第42小节中已经提及）。理性本身是给抽象的“自我”或者思维所起的那个名称，它把这个纯粹的同一性当作它的目的或者对象（请对照前一小节的附释）。这个同一性，由于根本就没有确定的属性，也就不能从经验的真理那里获得启示，其原因就在于这些真理始终指的是确定的事实。这就是那种绝对的事物，据说它应该是理性的绝对真理——也就是所称之为的理念；而经验的认知则沦落到了非真理的层次，被宣告为现象。

附释：

康德是最早明确提出在理性与知性之间的区别的人。按照他对这个术语的应用，理性的对象是无限的和不受制约的，而知性的对象，则是有限的和受到制约的。康德所作出的重要贡献，就是他强调了只是基于经验的知性认知的有限性，并称其内容为现象。但他的错误，就在于他停留在纯粹否定的观点上，并把理性的不受制约性限制在一种抽象的、没有任何细微差别的同一性之内。这就把理性贬低为一种有限而又受到制约的事物，把它认同为对知性的有限的和受到制约的领域的单纯超越。真正的无限远非对有限的单纯超越，而是始终包括把有限吸收进其自身的更丰富的性质之内。康德以同样的方式，让理念重新获得了其应有的尊严：确认理念属于理性，认为理念是有别于抽象的分析性限定的事物，或者是有别于那些通常擅自使用了理念的名称的单纯感性概念的事物。但关于理念，他也从未超越其否定的方面，他认为理念应该是否定的，但实际上却并非如此。

直接意识的对象构成了经验的主要部分，而认为直接意识的对象是单纯的现象的看法，是康德哲学所带来的另外一个重要的结果。常识是感觉和知性的混合，常识认为，它所认识的对象应该是各自独立的和自立的；而当显然对象既彼此联系又彼此限制的时候，它们彼此之间的相互依赖也就被认为是既与它们不相干，又与它们的真正的性质不相干。真相恰恰相反。直接认识的事物是单纯的现象——换句话说，它们的存在的基础并不在于它们自身，而是在于某个他物。不过接着界定这个别的他物为何物的重要一步也就到来了。按照康德的说法，我们所知道的事物，对我们来说只不过是现象而已，我们永远也不能认识它们的根本性质，那根本性质属于我们无法靠近的另外一个世界。头脑素朴的人并非毫无理由地对这种主观唯心主义表示异议，因为这种主观唯心主义使意识的种种事实沦落进一个纯粹个人的世界，而且又只是被我们自己所创造的世界。因为确切点说，对这个情况可以真实地陈述如下。我们对其拥有直接意识的事物，是单纯的现象，这不仅只是对我们而言，而且就它们自己的性质而言就是如此；这些事物尽管是有限的，但严格说来，它们的存在却并不是基于它们自身，而是基于普遍的神圣理念。的确，对事物的这种看法就像康德的看法一样唯心，但它又有别于批判哲学的主观唯心主义，应该称为绝对唯心主义。然而，尽管绝对唯心主义远在庸俗现实主义之前，但它却决非仅限制在哲学之内。它是一切宗教的基础，因为宗教也相信，我们所看到的实际世界，也就是存在的总体，是由上帝创造和统治的。

46. 但仅仅指出理性的对象的存在，是不够的。好奇心驱使我们去认识这种同一性，认识这种空虚的自在之物。所谓认识，也就意味着对对象的这样一种了解，它领会对象的明显而又特定的内容。但这样的内容又包含了在对象自身中的一种复杂的相互联系，并且为与许多别的对象的联系提供了一个理由。在当前的情况中，为了表现无限之物或者自在之物的特征的性质，理性除了应用它的范畴之外，就没有别的认识工具了。但如果没有应用范畴去把握无限，则理性便成为飞翔的或者说是“超验的”了。

这里也就进入康德的理性批判的第二个方面——这第二个方面，作为一项独立的工作，比第一个方面更有价值。上面已经说明，批判哲学的第一个部分宣称，范畴源自自我意识的统一性，通过范畴所获得的任何知识不包含任何客观性，而且认定它们所拥有的那种客观性本身也只不过是主观的而已。就其本身而言，康德的批判是那种称之为主观唯心主义的“普通”类型的唯心主义。有关范畴的意义或者范围，它没有提出任何疑问，而只是考虑主观性和客观性的抽象形式，而且在考虑的时候甚至也是用一种偏袒的方式，结果前一个方面，也就是主观性的方面，被当作有关思维的一种最终的和纯粹肯定的术语而被保留了下来。但到了批判哲学的第二个部分，当康德检查理性为了认识对象而对范畴所作的所谓应用的时候，他至少略提到了范畴的内容，或至少给了一个可以讨论范畴的内容的机会。对范畴在不受制约的事物上的这种应用，就是形而上学，而为了看出在形而上学这个问题上康德得出了什么结论，是值得花费精力的。这里我们将简要叙述他的所运用的方法，并作批评。

47. （A）康德所检查的第一个不受制约的实体，就是灵魂（见上面第34小节)。“在我的意识中,”他说道,“我始终发现,我(1)是作出决定的主体;(2)我是单数,或者说是简单得抽象;(3)在我所意识到的一切多样性之中,我是同一的,或者说是完全一样;(4)我是能思维的,因而有别于外在于我的一切事物。”

康德正确地指出,旧形而上学的方法在于用相应的范畴或者形而上学的术语,来取代对经验的这些陈述。这样一来也就出现了这四种新的命题:(a)灵魂是一种实体;(b)灵魂是一种简单的实体;(c)在存在的各个阶段中,灵魂在数值上是同一的;(d)灵魂与空间有关系。

康德讨论了这种转化,并且把人们的注意力引向那种把一种真理与另外一种混淆起来的谬误推理[①]或者错误。他指出,以经验为依据的属性在这里已经被范畴所取代了,他还表明,我们没有权利从以经验为依据的属性推导到范畴,也没有权利用范畴取代以经验为依据的属性。

显而易见,这个批评只不过是重复了休谟的言论(参见第39小节),即认为范畴作为一个整体——普遍性与必然性的理念完全是感觉不到的,而且以经验为依据的事实,不论是在形式上还是在内容上,都与其智力的范畴不同。

如果纯粹的以经验为依据的事实被看作是思维的证明,那么毫无疑问,能够精确地在“印象”中把“理念”识别出来,也就是必须的。

而且康德在他对形而上学哲学的批评中,为了能够证实,灵魂是

① 谬误推理(Paralogism),逻辑学术语,也就是不合逻辑的推论,谬论。

不能被描述为实体的，简单的，同一的，而且在与物质世界的接触中还保持着其独立性，因而康德的争论就从这个单一的理由出发，即意识让我们在经验中感觉到的灵魂的不同属性，并非恰恰与思维活动所产生的属性相同。不过我们在上面已经看到，按照康德的说法，一切知识，甚至经验，都存在于对我们的印象的思索——换句话说，存在于把主要是属于感觉能力的那些属性，改造成智力的范畴。

无可置疑的是，康德的批评所带来的一个好的结果就是，它把精神的哲学从“作为实在的灵魂”中解放了出来，从范畴中解放了出来，并从而从有关灵魂的简单性、复杂性、物质性等问题中解放了出来。但甚至一般人的常识也知道，这种种形式之所以不可取，其真正原因并不在于它们是思想，而是在于这样一种类型的思想既不能包含真理，也实际上并没有包含真理。

如果思维与现象并不完全相符的话，那么我们起码也可以自由地选择，在这二者当中哪一位应该被认为是没有履行义务。康德的唯心主义在涉及到理性的世界的时候，把过失归咎于思想；这种唯心主义说，那些思想是有缺陷的，因为思想不适合于把握知觉或把握限于知觉范围的意识，而且在知觉里也看不到思想的痕迹。但有关思想的实际内容，康德却并没有提到。

附释：

谬误推理是一种谬误的演绎推理，它的瑕疵尤其在于，它在两个前提中使用了带有不同意义的同一个词。这种方法被旧形而上学家们的理性心理学所采用，他们假定，在经验中特定的可知觉的灵魂的性质，是灵魂本身的真正本质的组成部分，按照康德的说法，这种方法的基础就是这样一种谬误推理。也不能否认，像简单性、永久性这样的谓项，是不能应用在灵魂上的。但说这些谓项不能这样应用，却并不是由于康德所归因于的那种理由，也就是说理性在应用那些谓项的时候，会超出其被划定的界限。真正的理由在于，这种类型的抽象术语对于灵魂来说并不足够恰当，因为灵魂远非仅仅是一种简单或者不可改变种类的东西。而这样一来，例如，虽然灵魂可以被确认为简单的同一性，但它同时也是积极的，并在其自身的性质中制定出了种种区别。但凡是单纯的简单事物或者抽象的简单事物，就其本身而论，都只不过是一个死亡的东西。康德针对以往的形而上学作了论争，把那些谓项从灵魂或者精神中抛弃了。他是正确的，但当他进而陈述他的理由的时候，他的不足是明显的。

48.（B）第二个不受条件制约的对象，就是世界（参见第35小节）。理性在试图理解世界的不受条件制约的性质的时候，便陷于所谓的二律背反①的错误。换句话说，对同一个对象它持有两个对立的命题，甚至认为其中的每一个命题都必须有同等的必要性。由此所产生的必然结果就是，宇宙内容的主要部分，也就不能成为一种依靠自力存在的实在，而只能是一种现象，因为描述它的那些特定陈述陷于矛盾之中。康德所提供的解释声称，这种矛盾并不会影响到对象自身的固有本质，而是仅仅归属于那种试图理解它的理性。

由此也就引起了这种联想，认为矛盾是由主要内容本身造成的，或者说是被范畴的内在性质造成的。而且还认为，在现代哲学的进展中所迈出的最重要的一步，就是要提供出这样的理念，即由知性的范畴引进理性世界的那种矛盾，是必然的和本质上的矛盾。但这样提出

① 二律背反（antinomy），哲学术语，指两个互相排斥但同样可论证的命题之间的矛盾。也就是二律相悖，自相矛盾。

的问题越是重要，解决办法也就越是无关紧要。它只是出于对世界事物的一种温情主义。他似乎认为世界的本质是不应该具有矛盾的污点的，只好把矛盾归于思维着的理性，归于精神的本质。大概没有人会愿意否认，现象世界会把矛盾呈现在进行观察的意识面前；这里的所谓“现象世界”，指呈现在感觉和知性、呈现在主观精神之前的那个世界。但如果在世界的本质与精神的本质之间进行比较的话，那么我们确实会感到奇怪，何以有人那样平静而又自信地提出这个谦逊的说法，即认为那本身具有矛盾的并不是世界，而是思维或者理性；我们还会感到奇怪，竟有人附和这个谦逊的说法。虽然是换了一个角度，说明理性只有在应用范畴的时候才陷入矛盾之中，但这也难辞其咎。因为据认为，对范畴的这种应用是必要的，而且为了达到认知的目的，理性只应该被范畴装备起来，而不是被任何其他形式装备起来。但认知又是决定性而又限定的思维，这样一来，如果理性只不过是空虚的非限定的思维，那么理性就毫无思维。而且如果最终理性被归纳为没有多样性的单纯同一性的话（见下一小节），那么最终它也将以牺牲它的所有事实和内容这个微不足道的代价，而赢得从矛盾中的一种幸福的解脱。

也许还应该注意到的就是，康德之所以只列举了四种二律背反，其中的一个原因就是他未能对二律背反做更为彻底的研究。这四种二律背反之所以吸引了他的注意，是因为他假设，这四种范畴是他论证的基础，这一点在他对所谓的理性的谬误推理的讨论中可以看到。他所运用的方法后来成了一种时尚，他不是从对象的概念中推断其特性，而只是把对象安排在现成的图式之内。康德对于二律背反的处理中的另外欠妥之处，在我的《逻辑学》一书中我曾顺便有所阐述。这里指出下述也就足够了，即二律背反并不局限于宇宙哲学中的那四种特殊对象，二律背反出现在所有种类的一切对象，出现在所有的构想、概念和理念之中。哲学理论的一个极其重要的部分，就是要意识到这一点，并在对象自身的这种性质上认识对象。这是因为被这样指出的性质，就是我们将在下面所描述的逻辑中的辩证影响。

附释：

形而上学哲学的原则导致了这种信念，即当认知陷入矛盾之中的时候，它就是一种单纯的偶然偏差，是由在论证和推论中的某种主观错误所致。然而按照康德的说法，思维有一种自然的倾向，每当它寻求领悟无限之物的时候，它就会陷于矛盾或者二律背反之中。在上一段落的后半部分，我们提到了理性的二律背反在哲学上的重要性，并且表明，看出二律背反的存在，能在很大程度上有助于摆脱知性的形而上学的僵化的教条主义，并有助于把注意力转向思维的辩证运动。但我们必须补充一点，在这里康德也从未超越那种认为自在之物是不可知的消极结果，也没有达到发现对于二律背反所具有的真正积极意义的知识。二律背反的那种真正积极意义就是，每一个实际的事物都包含着对立的成分的一种共存。因而认识一个对象，或者说是理解一个对象，也就等同于意识到它是对立的限定的具体统一。我们已经看到，旧形而上学在研究对象以求得形而上学知识的时候，总是抽象地应用各种范畴，结果排斥了范畴的对立面。而另一方面，康德则试图证明，通过这个方法而得出的结论，会遭遇到含义相反但又同样有理和同样必然的别的结论的对抗。他在列举这些二律背反的时候，只限于旧形而上学体系的宇宙哲学的范围之内，并在他的讨论中辨认出了四种二律背反，这个数目就是基于那四种范畴。第一个二律背反是有关下述问题：我们究竟是否应该认为世界是限制在时空之中。在第二个二律背反中，我们讨论了这个二难推理[①]：物质要么必须被设想为无限可分，要么必须被设想为由原子构成。第三种二律背反涉及自由与必然的对立，那种对立足以使自己被包含在下述问题之中：究竟世界中的一切事物都必须被认为是受到因果关系的制约，还是可以假定在世界中有自由的存在，换句话说，世界中是否有行为的绝对起点？最后，第四种二律背反就是这个二难推理：要么世界作为一个整体有一个起因，要么世界就是非外因引起的[②]。

在讨论这些二律背反的时候，康德采用了下面的方法。他把二难推理中所含有的两个命题彼此对立起来，把它们用作正题与反题[③]，并力求分别加以证明，也就是说，他力求表明，这些相反的命题都是对问题加以反思所产生的必然结果。

有人指责他偏袒一方进行辩护，他的推论基于幻觉，对此他尤其提出了抗辩。然而坦率地讲，康德为他的正题和反题所提出的证明，只能认作似是而非的证明。他要证明的理论，总是包含在他用作出发点的前提里，而且他的证明之所以貌似有理，是因为由于他在论证的时候使用了反证法，而且文字啰嗦。然而把这些二律背反展现了出来，仍不失为批判哲学的一个伟大成就，而且现在依然是一个伟大成就。因为这样一来，也就把那些被知性持续分开的范畴的实际统一性多少表现了出来，(一开始当然是主观的，并且未加解释。) 例如，在宇宙哲学的二律背反中的第一个，就暗示着它承认这样一种学说，即空间和时间呈现出了一种既持续而又分离的面貌；而旧形而上学由于是排除一切地强调了持续

① 二难推理 (dilemma)，逻辑学术语，也就是也许二者皆不可取，但又不得不选择其一。

② 非外因引起的 (uncaused)，也就是自存的，自发的。

③ 反题 (Antithesis)，哲学用语，即黑格尔使用的三段式中的第二阶段。

性，结果又把世界看作在空间和时间上是无限的。认为我们能够超越每一个特定的空间和每一个特定的时间的说法，是完全正确的；但须知，只有在空间和时间被界定为"在这里"和"现在"、或者被限定在"在这里"和"现在"的范围之内的时候，它们才是真实的和现实的——而空间和时间的概念本身，就包含着被限定在"在这里"和"现在"的范围之内。同样的评论也可应用在其余的二律背反之上。试以自由与必然的二律背反为例。它的要点就是，抽象的思考者所理解的那种自由和必然，并不是像他们所认为的那样，独立具有真实性，而只不过是真正的自由和真正的必然的理想的因素（或者说是环节①），而且让其中的任何一个概念抽象化，将其孤立起来，就是使它不真实。

49.（C）理性的第三个对象就是上帝（参见第36小节）。上帝也必须从思维的方面来予以认识和界定。但与一种纯粹的同一性相比，在知性看来，每一种进行界定的术语就其本身而论，似乎都是一种限制和一种否定。而相应的，每一种实在也必须被看作是无限的，也就是说是未得到界定的。因而当上帝被界定为一切实在的总和，是最真实的存在的时候，他也就变成了一个单纯的抽象概念。而且能够界定最真实的事物的唯一条件，就是存在的条件——它本身就是最高的抽象。这两种成分，一方面是在这里被说成概念的抽象同一性，而另一方面则是存在——理性试图使抽象同一性与存在成为一体。而它们的统一就是理性的理想。

50. 为了实现这个统一，可以采纳两种方式或者两种形式。我们或者可以从存在开始，过渡到思维的抽象物（abstractum），或者可以从抽象物开始，到存在结束。

---

① 环节（moment），哲学用语，也就是契机。

首先，我们将从存在开始。但存在就其自然的方面来说，让人们看起来是一种具有无限多样性的存在，是一个极其丰富的世界。而这个世界又可以以两种方式来看待：首先，被看作无数互不关联的事实的聚集，其次，被看作无数相互关联、显示出目的的事实的聚集。第一个方面在宇宙哲学的证明中得到了强调，第二个方面则在自然神学的证据中得到了强调。如果假定，存在的这种充实是由于思维的作用使然，那么它就会被剥夺其孤立性和无联系性，并被看作一种普遍而又绝对必要的存在，它决定自己，并按照一般的目的和法则活动。而这种必要而又自我决定的存在，就是上帝，他与处于开端的存在不同。

康德对这个过程所作的批评，着力于抨击它是一种用三段论所作的演绎推理，也就是说是一种过渡。感知以及我们称之为世界的感知的聚集体，实际上并没有展现出它们后来从思维的进行净化活动中所接受的那种共相的痕迹。因而有关世界的那种以经验为依据的概念，也就没有为共相的理念提供充分理由。因而思维所作出的从对世界的以经验为依据的概念上升到上帝的高度的任何尝试，也就受到了休谟的辩难，（这可在第 47 小节对谬误推理的论述中看到，）按照休谟的辩难，我们没有权利对感觉加以思考，也就是说，没有权利从感觉中把普遍性和必然性推导出来。

人从本质上讲是思考者，因而合理的常识，以及哲学，也就不会放弃它们从经验主义的世界观出发并超越经验主义世界观，上升到上帝的高度的权利。这种上升具有可能性的唯一基础，就是对世界的思维性的研究，而不是对世界的单纯感性的、动物式的领会。思维，而且也只有思维，才能注意到世界的本质、实体、普遍存在的力量，以及终极的目的。所谓对上帝存在的证明，真正讲来，就是对精神的本来过程进行描述和分析的方式，也就是对思索着感官材料的思维过程进行描述和分析的方式。思维之超越感官世界，它从有限到无限的过渡，思维之打破感官事物的锁链而进入超感官界的飞跃，凡此一切的过渡都是思维造成的，而且也只能是思维自身的活动。如果说一定不会有这样的过渡，那就应该说是没有思考。而且确实，禽兽就没有这种过渡。禽兽只是停滞在感性的感觉和直观阶段，因而它们也就没有宗教。

对于思维的这种提高作用所作的批评，不论一般地还是特殊地讲来，都有两点评论必须注意。第一点评论处理的是形式的问题。当这种提高被展现为一种演绎推理的过程，呈现出所谓对上帝存在的证明的形态的时候，那么这些推论的出发点，就只能是有关世界的某种理论，那种理论把世界或者看成是偶然事实的聚集体，或者看成是涉及到目的的最终原因和关系的聚集体。仅仅作演绎推理的思考的人可能会认为，这个起点是一个坚实的基础，并且以为它从始到终都呆在经验的范围之内。这样一来，起点对它所导致的结论所具有的意义，也就有了一种纯粹肯定的方面，好像我们只是从一个存在并继续存在的事物出发进行推论，前往另外一个同样存在的事物。但大错就在于，它把我们有关思维性质的概念，只是限制在思维在知性中的形式上。殊不知对现象世界加以思维，本质上就是要重新塑造现象世界的形式，把它转化成一种共相。而这样一来，思维的活动也对它的基础产生了一种否定的效果：感性物质在接受普遍性的特征的时候，便立即失去了其最初的和现象的形态。通过剥掉外壳和对外壳的否定，在感觉感知之内的核心便被揭示出来

(参见第13、23小节)。由于形而上学对上帝存在的证明显然并没有表现出，精神由世界提高到上帝的过程中含有否定的特性，因而这种证明也就是对这个过程的有缺陷的阐释和描述。如果世界只是不寻常事件的总和的话，那么世界也必然是暂时的和现象的世界，并无实在（esse）和权力（posse)。精神的那种提高意味着，世界所拥有的那种存在只不过是一种假象，并非真正的存在，并非绝对的真理；它意味着，在那种现象之外和之上，真理继续存在于上帝之中，因而真正的存在就是上帝的另外一个名称。精神的提高固然是一种过渡和中介的过程，但同时也是对过渡和中介的扬弃。因为那个似乎作为中介可以达到上帝的世界，也因此而被解释为空无了。只有通过否定世界的存在，精神的提高才有了支点（point d'appui)。这样一来那只是当做中介的东西消失了，因此即在推导的过程中便扬弃了推导。当雅各比[①]抨击对知性的证明的时候，他心目中所要反对的，主要就是在两个据说存在于两个完全相同的事物之间的这种关系的肯定的方面。他公正地指责那些证明，因为那些证明是为不受条件制约的事物寻找条件（也就是世界)，他谈到，按照这样一种方法，无限之物或者说是上帝也就一定会被展现为依赖他物的和被推导出来的。但当那种提高在精神中发生的时候，那种提高又有助于纠正这个假象：事实上，精神提高的整个意义就在于纠正这个假象。然而，雅各比却并没有看出本质的思维的真实性质——本质的思维就是在起中介作用的过程中，扬弃了中介；因此他的批评如果仅用以攻击“反思性的”知性证明，倒还妥当，但如果

① 雅各比（Friedrich Heinrich Jacobi，1743—1819)，德国哲学家。

用来攻击整个思维，特别是攻击理性的思维，那就陷于错误了。

为了说明什么是对思维中的否定因素的忽视，我们可以用人们把斯宾诺莎①的学说指责为泛神论和无神论，作为例证。斯宾诺莎的绝对实体当然还不是绝对精神，而且把上帝界定为绝对精神，也是一种正确而恰当的要求。但当斯宾诺莎的定义被说成是把世界认同于上帝，并且把上帝与自然界和有限世界混淆起来的时候，所暗示的意思就是，有限世界拥有了一种真正的现实性和肯定的实在。如果这个假定是可以被接受的话，那么上帝与世界的结合，也就当然使得上帝完全是有限的，这就降低了上帝的身份，使他成为存在的那种纯粹有限而又偶然的聚集。但有两个异议应该予以注意。首先，斯宾诺莎并没有把上帝界定为上帝与世界的统一，而是界定为思维与外延的统一，也就是说是思维与物质世界的统一。其次，即使我们接受有关这个统一的这个笨拙的通行说法，仍然真实的却是，斯宾诺莎的体系并非无神论，而是无宇宙论，它把世界界定为一种缺乏真正的实在的现象。甚至在那些崇拜猿、牛，或者石像铜像的民族被认为是拥有某种宗教的时候，一种坚持上帝的存在，坚持唯有上帝存在的哲学，也是不应该被指责为无神论的。但实际上，一般人的想象力又强烈地不愿意放弃其最珍贵的信念，即这个称之为世界的有限事物的聚集体，是有真实存在的；如果要说没有世界，他们很容易认为那是不可能的，至少他们会觉得，相信没有世界，比相信没有上帝的可能性还少。人们总是相信，一个体系要否认上帝比否认世界更为容易，这对他们来说并

---

① 斯宾诺莎（Baruch Spinoza，1632—1677），荷兰哲学家，唯理论的代表之一。他从“实体”即自然界出发，提出“自因说”，认为只有凭借理性认识才能得到可靠的知识。著有《神学政治论》、《伦理学》等。

不是很光荣的事情。大家总是觉得，否认上帝似乎远比否认世界更可以理解。

第二点评论，与对在思想提高中首先导致产生的那些实质性命题的批评有关。如果说这些命题所拥有的谓项是这样的术语，比如世界的实体、世界的必然本质，以及按照目的来调节并指导世界的原因，那么这些命题当然也就不适于表现我们所了解或者应该了解的上帝的性质。这些命题采用了有关上帝的一种初步的通俗概念，并根据这种假定评判了其结果，然而如果撇开这些花样来说，那么这些命题当然拥有巨大的价值，而且是构成有关上帝的理念的必要因素。但如果我们希望以这种方式把有关上帝的真正理念带到思维的面前，并且把其真正的价值和表现给予主要的真理的话，那么我们也就必须谨慎，不要从事实的一种从属的层次开始。为世界的“仅仅是偶发的”事物提供证据，是对那些前提的一种非常不适当的描述。有机的结构，以及有机结构为相互适应所提供出来的证据，属于一种更高级的范畴，那是生气勃勃的自然界的范畴。对生气勃勃的自然界以及对现存事物的其他目的论①的方面的研究，可能从终极因②的琐碎之处招致瑕疵的产生，也可能从终极因的幼稚的例子及其影响招致瑕疵的产生，但即使没有考虑那种可能的瑕疵，单纯的生气勃勃的自然界处于最佳状态时，也不能够把真实的表现材料提供给有关上帝的理念。上帝不仅仅是生命：上帝是精神。因而，如果有关绝对的思维把一种起点当做其提高，并且意欲踏上最近的起点的话，那么最真实而又最恰当的起

① 目的论（teleology），一种唯心主义学说，认为宇宙间一切事物均属被有意安排来达到某种目的。

② 终极因（final cause），哲学术语，亦译最终因，也就是终极原因。

点，就将只能在精神的性质中找到。

51. 借以实现理性的理想的另外一种统一的方式，就是从思维的抽象物（abstractum）出发，并且试图描述该抽象物的特征，而为了达到这个目的，存在就是唯一可用的术语。这就是本体论[①]的证明方法。在这里从一种仅仅是主观的观点所提出的那种对立，是位于思维和存在之间，而在前一个途径中，存在为反题的双方所共有，而对照则只是存在于那种对立的个性化与普遍性之间。知性据以反对这第二个途径的理由，与上面提到过的反驳第一途径的理论本质上相同。知性否认经验事物中包含有共相，因而它也就否认共相包含有特殊性，在这里特殊性就是存在。换句话说，它说的是，存在并不能通过任何分析从概念中被演绎出来。

康德对本体论的证明所作的批评，受到了一致而又赞许的接受和认可，这毫无疑问是由于他所使用的例证所致。为了说明在思维与存在之间的区别，他采用了那个一百英镑的例子。就概念而论，不管是真实的还是仅仅可能的，那一百英镑无论如何也是同样的一百英镑，尽管就其对一个人的钱包所产生的效果而言，完全可以感知到在真实的一百英镑与可能的一百英镑之间的区别。最明显的莫过于，我们所思考的或者所构想的东西，决不能因其被思考或者被构想便认为是真实的：精神上的表象，甚至概念上的理解，还不够资格被叫做存在。还有，当把一百英镑这样的东西称为概念的时候，说这是语言不规范可能并非不公正。而且，先不管这个错误，那些老是根据思维与存在之间的差别以反对哲学理念的人，总应该

---

① 本体论（ontology），亦译存在本体论，实体论，是形而上学的一个分支，论述存在的性质和特性，对实在或者存在作哲学分析。

承认，哲学家绝不会完全不知道，事实上一百英镑的现款与一百英镑的概念并不相同。难道还能够有比这更陈腐的命题吗？但毕竟还是应该记住，当我们谈到上帝的时候，我们拥有了与一百英镑不同种类的一个对象，而且那个对象与任何一个特殊的概念、表象或者任何其他名称的东西都不一样。事实上，正是这一点，而且也仅仅是这一点，才明显表示每一个事物都是有限的：它在时间和空间上的存在与它的概念有差异。相反，上帝却明确地只能是“设想为存在着”，上帝的概念包含着存在。正是概念与存在的这个统一，才构成了上帝的概念。

倘若这就是一切的话，那么我们会得到的，也就只能是对神性的一种形式上的表达，它实际上并没有超越对概念自身的性质的一种陈述。就概念最抽象的意义而言，它已经显而易见把存在包含在自身之内。因为不管概念可能接受的其他限定会是什么，它至少都是由于扬弃了间接性而返回来与自身产生联系，这样一来概念也就是无中介的。而这种与自身的联系如果不是存在的话，又是什么呢？如果概念，也就是精神的最深处，如果甚至“自我”，或者尤其是我们称之为上帝的那个具体的总体，都不是丰富得足以把像存在这样可怜的范畴包括在内，不足以把这个最可怜、最抽象的范畴包括在内的话，岂非咄咄怪事？因为如果我们看一下存在所持有的思想的话，那么任何事物都不可能比存在更无足轻重了。然而可能会有某种事物比存在还要无足轻重——那种事物乍一看也许应该是存在着的事物，它是一种外部的和感性的存在，就像放在我面前的纸张的存在一样。然而，就这件事情而论，谁也不会打算谈到一个有限而又易毁灭的东西的感性存在。除此之外，《批判》（*Kritik*）

一书[①]作了小小的限制，认为“思维与存在是不同的”，这个限制对人心由想到上帝到确信上帝存在的过渡过程，最多只能予以干扰，但绝不能予以取消。它是这种过渡过程，它依赖于有关上帝的思想与上帝的存在的绝对不可分性，而在有关信念或者直接知识的理论中，已经再次证明了，这个说法严格说来是有权威性的——有关这一点，下文将会讨论。

52. 这样一来，思维也就须在其最高点，前往外部去寻找任何一种确定性。这种思维的方式，尽管每每被称之为理性，却是一种十足的抽象思维。这一切所带来的结果就是，理性所提供的，并没有超过为了简化经验和使经验系统化所需要的那种形式上的统一。那种形式上的统一是一种准则（canon），而不是对真理的一种研究原则（organon），而且它只能提供出对知识的一种批评（criticism），而不是有关无限的一种学说（doctrine）。归根结底，这种批评可以概括为这个断言，即严格说来，思维只不过是不确定的统一性以及这种统一性的行动。

附释：

康德毫无疑问认为，理性是不受条件制约的事物所具有的能力；不过如果理性只能被归纳为抽象的同一性的话，那么这就意味着，理性放弃了它的不受制约性，实际上和空虚的知性一样。因为理性之受到制约，只是就其特点和性质并不是由一种外来的和异己的内容所致而言，只是就它是自我赋予特性而言，而这样一来，就内容而言，理性就是它自己的主人。然而，康德却明确解释说，理性的活动完全就是，在非矛盾的原则的指引下，应用范畴把感知所提供的材料加以系统化，也就是说，

---

① 指康德的《纯粹理性批判》。

使材料处于一种外在的秩序之中。

53. （D）按照康德的理解，实践理性是指一种能思维的意志，也就是一种按照普遍原则自己决定自己的意志。它的职责就是提供出有关自由的客观的、必须服从的法则——也就是说，那些阐明了应该发生什么事情的法则。这样一来也就假定，思维应该是一种是使自己被客观地感觉到的活动，也就是说确实是一种理性，而这个假定的根据，就是据说有可能通过经验来证明实践的自由，也就是说，有可能在自我意识的现象中把这种自由表现出来。在意识中的这个经验立即就遭遇到必然论者[①]从相反的经验中得出的结论的反对，尤其会遭遇到不可知论的归纳方法（其中休谟就使用了这种方法）的反对，不可知论是从人们所认为的正确和责任的无穷无尽的多样性中来进行归纳的——也就是说，是从在那些据称是自由的客观法则中明显可见的多样性来进行归纳的。

54. 这样一来，什么应该被用作实践理性所欣然接受并服从的法则，并被用作在其自决的活动中的标准呢？除了知性的那种相同的抽象同一性之外，并没有别的规则可供使用，那种抽象同一性就是：在自我确定的活动中不可有矛盾。因而实践理性也就从未摆脱掉那种被表述为理论理性的高峰的形式主义。

但这种实践理性，却并没有把有关善的普遍原则，限制在其自身的内在的规则之内：在真正的意义上，当实践理性强调，善是被表现在有外在的客观性的世界之内，并且要求思维应该从始至终都是客观的，而并非仅仅是主观的，这时它就第一次变成实践理性了。我们将

① 必然论（Necessitarianism），亦译决定论，主张一切事物都有其产生和变化的原因，都是合乎规律发展的必然结果。

在后面谈到实践理性的这个假设。

附释：

康德否认思辨理性拥有自由自决，但又明确为实践理性的自由自决辩护。在许多人看来，康德哲学的这个特殊方面使得康德哲学受到欢迎，而这又不无理由。要想正确估价康德在这方面的贡献，我们应该明了盛行于康德当时的实践哲学的情形，尤其是“道德哲学”的情形。那时的道德哲学，一般讲来是幸福论①的一种体系，在被问到人的主要目的应该是什么的时候，幸福论的回答是幸福。而按照幸福论的理解，幸福就是人的私人欲望、愿望和需要的满足，这样一来也就把偶然的和特殊的事物，提高为意志所须实现的原则。康德用实践理性，来反对这种既不稳定又不连贯、向一切冲动和怪念头敞开大“门”的幸福论，并从而强调，有必要有一种普遍的、人人应尽相同义务的意志原则。在前面几个段落里已经讲清楚的那种理论理性，在康德看来是无限事物的消极能力，由于没有自身的积极内容，因而它的作用只限于揭穿经验知识的有限性。相反，康德则是明确承认，实践理性有一种积极的无限性，认为意志有能力采取普遍的方式，也就是依据理性思维来决定自身。意志毫无疑问是具有这种自决的力量，因而最好还是要记住，人只有在拥有这种力量并在行为中利用这种力量的时候，他才是自由的。但仅仅是承认存在着这种力量，并不能有助于告诉我们，意志或者实践理性的内容是什么。因而说人必须让善成为他的意志的内容的时候，问题也就出现了，也就是善的内容是什么，弄清善的内容的手段又是什么。只是根据意志须与自身相一致的原则，或者按照为义务而履行义务的准则，是不足以解决

① 幸福论（Eudaemonism），主张通过由理性支配的积极生活而获得幸福，并认为获得幸福是一切善行的最高标准和道德的基础。

这个问题的。

55.（E）判断的反思力，被康德赋予了一种直觉知性的功能。也就是说，虽然就共相或者抽象的同一性而言，到目前为止特殊只是偶然的，是不能从共相中推演出来，但在直觉知性看来，特殊却是被共相自身所塑造和形成的。在艺术作品和有机的自然产物中，可以体察到这种普遍和特殊的结合。

康德的《判断力批判》的特色，就是给予了理念一种表述和一种名称，即使那并不是对理念的一种理解力强的表达。像直觉知性或者内在适应这样的表述，也就使人联想到一种同时又被理解为本质上是具体的统一的共相。只是在这些见识上，康德的哲学才上升到思辨的高度。在艺术美的理念中，思维与感官方面的概念结合成为了一体。席勒[①]等人发现，在艺术美的理念中，有一种能够从抽象而又带来分离的知性逃脱出来的方式。别的人则在对生活和生物的感知和意识中，找到了相同的解脱，不管那种生活是自然的生活还是知识的生活。——必须承认，艺术作品，以及有生命的个体，在内容上都是有限的。但在自然（或者必然）与自由目的的假设和谐中——在被认为是实现了的世界的最终目的中，康德又把理念置于我们面前，那理念甚至在其内容上也是广泛的。然而所谓的思维的懒惰，在处理这个至上的理念的时候，却在“应该”中找到了一条轻易的出路：那并不是终极目的的实际实现，而是努力坚持概念与实在的分离。如果说思维不能想象理想的实现，但感官和直觉却无论如何也能在有机组织和艺

① 席勒（Johann Christoph Friedrich von Schiller，1759—1805），德国诗人、剧作家、历史学家、文艺理论家。主要作品有剧本《华伦斯坦》、《阴谋与爱情》、《威廉·退尔》等，诗作《欢乐颂》及史学著作《三十年战争史》等。

术的美的当前现实中，看到理想的实现。因此康德对这些对象的评论，也就非常适宜引导人的意识，去把握并思考具体的理念。

56. 这样一来，也就导致我们设想，在知性的共相与感知的特殊之间，有一种有别于理论理性和实践理性所依据的那种关系。但尽管如此，这种看法却并没有同时承认，在知性的共相与感知的特殊之间的关系是真正的关系，就是真理本身。反而（共相与特殊的）统一只是被认为是存在于有限现象之中，并只是作为经验的一个事实被引证出来。这样的经验，起初只是个人的，它可能来自两个来源。它可能出自天才，也就是产生出“审美理念”的天赋；所谓审美理念，也就是自由想象的形象思维，形象思维促进理念，启发思想，尽管思想的内容并没有以一种概念的形式表现出来，甚至并不容许有这种表现。它也可能是由趣味所致，趣味就是在直觉或者想象的自由运用、与知性的一致性之间的和谐感。

57. 判断的反思能力在调节并安排有生命的自然产物的时候所依据的原则，被描述为目的或者终极因——即能动的概念，一种自身决定又能决定他物的共相。与此同时，康德又仔细地抛弃了外在的适应或者有限的适应的概念，在该概念中，目的只是实现目的的手段和材料的一种偶然的形式。相反，在活着的有机体中，终极因则是物质中内在的一种塑造原则和力量，而且有机体的每一个构成部分都相应地既是一种目的又是一种手段。

58. 这样一种理念，显然从根本上改造了知性在手段与目的之间所建立的那种关系，改造了在主观与客观之间所建立的那种关系。然而面对着这种统一，目的或者意图又继而被解释为一种主观地存在着和活动着的原因，也就是只被解释为我们的理念，而目的论又相应地解释为只是一种批评原则，对我们的知性来说纯粹是一种个人的批评原则。

在批判哲学确认理性只能认识现象之后，有机的自然仍然可以在两种同样主观的思维方式之间作出选择。甚至按照康德自己的阐述，也不得不承认，要想认识自然产物，单纯依照质量、因果、组合和结构成分等范畴是不够的。内在的适应或者目的的原则，倘若加以科学的应用和发挥，就会导致产生一种不同而又更好的观察自然的方法。

59. 如果我们采用这个原则，那么当所有的局限都被从中去掉的时候，理念就会出现下述情况。被理性所塑造出来，并被描述为绝对的和终极的目的或者善的那种普遍性，就会在世界上得以实现，除此之外还通过一个第三者得以实现，那第三者就是提出这个目的并实现这个目的的力量——也就是上帝。上帝是绝对的真理，而这样一来在上帝的身上，共相与个体的对立，主观与客观的对立，就都得到了解决，并被解释为既不是依靠自力生存的，也不是真实的。

60. 这样一来，善也就作为世界的终极因被提了出来，但善已经被描述为只是我们的善，是我们的实践理性的道德法则。既然如此，那么刚才所提到的那个统一，也就止步于使得世界的状态以及世界的事件的进程，与我们的道德标准达到和谐①。除此之外，即

① 用康德自己的话来说（见《判断力批判》，第427页），“终极因只不过是我们的实践理性的一个概念。它不能作为自然界的一种理论标准，从经验的任何材料中被演绎出来，也不能被应用于认识自然。除非纯粹是为了实际的原因，否则是不可能通过道德法则来运用这个概念的。神的创造天地的终极目的，就是使世界拥有那种构造，它与我们在普遍的原则上所只能确定表现的那个目的达到和谐，也就是说与我们的纯粹的实践理性的终极目的达到和谐，与就它是实际的而论的那种目的达到和谐。”——原注。

使有这种局限性，但那个终极因，或者说是善，也是一个含糊的抽象概念，而且这相同的含糊也与所谓的责任连在一起。但此外，这种和谐又会重新唤起或引起一种对立，这种对立的内容本身即被设定为不真实的。这样一来，和谐也就被描述为仅仅是主观的，是某种仅仅是应该存在的东西，同时又是并非真实的东西——是一种单纯的信念，这种信念拥有一种主观的确实性，但却没有真实性，或者说没有适合于理念的那种客观性。这种矛盾可能由于把理念的实现推迟到未来，推迟到理念也将存在的一个时刻，而似乎被掩饰了。但像时间这样的感性条件，是对差异进行调和的反面；而且一种无限的进展——这是知性所采用的相应意象——显然只是重复和再现这个矛盾而已。

有关知识的性质，批判哲学所导致产生的结果，已经成长为流行的“偶像”或者说是当今不须证明的信念；对于这个结果，或许仍然可以作一番一般的评论。在每一种二元论的体系里，尤其是在康德的二元论体系里，都有一个显而易见的根本缺陷：刚刚被解释为是独立并因而是不能被统一起来的事物，现在又被统一了起来。这样一来，就在统一被硬说成真理的那个时刻，我们便发现有这种学说，它认为那两个成分，由于其在统一中的真实地位，已经完全不具有独立的存在，而是只是在其分离状态中才是真实的和实际的。这样的一种哲理推究缺少一种简单的认识，它没有意识到，像这样的反复往返即足以表明，单是这两个术语中的任何一个，都不能令人满意。而且这种哲理推究之所以有缺陷，纯粹是因为它不能把两个思想联系在一起。（而且就形式而言，也只能有两个思想。）它认为，如果一方面说，知性只能认识现象，另一方面又断言，这种认识有绝对性，比如说，

“认知止步于此”，或者“这就是人类知识的自然的和绝对的限度”，那就是完全缺少一致性。但在这里，“自然的”是一个用错了词。自然的事物是有限的，而且只有在它们并没有意识到它们的普遍限度，或者从我们的观点来看，而不是从它们自己的观点来看，它们的方式或者性质是一种限度，它们才是自然的事物。任何人在他同时超越那种限度或者瑕疵之前，都不会知道那是一种限度或者瑕疵，甚至都不会感觉到那是一种限度或者瑕疵。例如，有生命的存在拥有无生命的存在所没有的那种感到痛苦的特权；即使对有生命的存在来说，一种单一的模式或者性质也能逐渐变成一种否定的感觉。因为有生命的存在就其本身而论，在自身之内拥有一种普遍的生命力，那生命力超越单一的模式并把单一的模式包括了进去；这样一来，当它们在对自己的否定中维持自己的时候，它们也就感觉到，矛盾存在于它们自身之内。但只是在同一个主体既包括了它们的生命感的普遍性，又包括了与之一起进行否定的个体模式的时候，矛盾才在它们之内。这个例证将表明，知识中的一种局限或者瑕疵，只有在知识与一种总体或完美的共相所实际出现的理念进行比较的时候，才得以被称之为局限或者瑕疵。稍微考虑一下就可能表明，称一个事物有限或者有局限性，言外之意就是证明，恰恰是存在着无限和没有局限性的事物，而且只有在无限事物已经在我们意识里面的时候，我们才会有对于限度的知识。

然而，康德有关认知的看法所带来的结果，却可能让人们作出另外一种评论。康德的哲学不能对科学研究的方法产生任何影响。这是因为它让这些认识范畴和一般的认识方法完全不受干扰。也许偶然在那个时期的科学著作的开首几页里，我们发现引用了康德哲学中的一些命题，但从全部著作来看，所引用的那几个康德哲学的命题只是装点门面的多余的话。把开首的那几页删掉，也不会丝毫影响书的实际内容。①

下面我们可以把康德与经验主义学派的形而上学进行一番比较。自然素朴的经验主义尽管毫无疑问最为强调感性感知，但仍然承认有一个超感觉的世界或者精神实在，不管它的结构和组成会是什么，也不管它是源自智力还是源自想象或者诸如此类的事物。就形式而言，这个超感觉的世界的事实，与其他的事实一样，也是依赖于被包括在以经验为依据的知识之内的精神的权威，依赖于外在感知的权威。但当经验主义变得反思起来，并在逻辑上前后一致的时候，它就反对在终极的、最高级种类的事实中的这种二元论；它否定思考原则的独立性，否定在思维中产生出来的一种精神世界的独立性。因而唯物主义或者自然主义，就是前后一致而又彻头彻尾的经验主义的体系。康德直接反对这样一种经验主义，他坚持思维和自由的原则，并赞成第一种素朴的经验主义学说，他从未偏离这种素朴经验主义学说的普遍原则。所以在康德的哲学中也有一种二元论。一方面是感觉的世界，以及对其进行反思的知性世界。的确，他声称这个世界是一个现象的世界。但这只是一种称号，或者形式上的描述，因为其来源、内容，以及观察的方式，仍然与在经验主义中完全一样。另一方面而又具有独立性的，是一种自我理解的思

① 甚至赫尔曼的《韵律学手册》一书，开首便引用了几段康德哲学。书中第8节认为，节奏的法则必须是（1）客观的，（2）形式的，（3）严格先验的。试把这些要求和下面提到的因果关系和相互作用的原则，与各种各样的韵律进行比较，就可看出这些形式上的原则对内容其实毫无影响。——原注。

维，是自由的原则，康德与普通的形而上学和以往的形而上学共有这种思维和原则，但康德却又让它失去一切内容，又没有能力给它注入任何新的内容。因为在批判哲学的学说中，思维，或者说在批判哲学中所称之为的理性，被剥夺了每一种特定的形式，而这样一来也就失去了一切权威。康德哲学所带来的主要效果，就是复活了理性的意识，或者说是复活了思维的绝对内在性。它的抽象性确实使那种内在性不能逐渐形成或者说产生任何特殊的形式，不管那些特殊的形式指的是认知的原则还是道德的法则；但尽管如此，它也绝对拒绝接受或者迁就任何具有外在性的性质的东西。从此以后，理性的独立的原则，或者说理性的绝对自立的原则，也就被当成了哲学的一个普遍原则，也被当成那个时代的一个预料中的结论①。

附释：

（1）批判哲学有一个巨大的负面价值。它清楚地显示了这种信念，即知性的范畴在其领域上是有限的，而且任何被限制在那些范畴的范围之内的认知过程，都未能达到真理。但康德只看到真理的一半。他解释说，那些范畴的有限性质意味着，它们只是主观的，只是对我们的思维而言是有效的，有一个不可逾越的鸿沟把自在之物与那些范畴分隔开来。然而事实上，那些范畴之所以是有限的，并不是因为它们是主观的，而是由于它们本身的性质，而且需要把它们的限度展现出来的地方，正是它们自身。然而康德却认为，我们所思考的事物是虚假的，因为思考该事物的是我们。这个体系中的另一个欠缺就是，它对思维只是做了一种历史性的描述，只是对意识的因素作了列举而已。

① 预料中的结论（foregone conclusion），也就是产生在讨论调查前的结论，预料之中的必然结局。

这个列举大体上是正确的，但他对于这样根据经验得来的材料并没有说明其必然性。他对于意识的各个阶段所作的反思，其结果可以总括在“凡我们所认识的一切内容只是现象”一句话里面。既然起码凡属有限的思维都与现象有关这个说法是正确的，那么他的这个结论当然也是正确的。然而这个“现象”的阶段——也就是现象世界——却并非思维的终点：还有一个另外的而且是更高的领域。但在康德哲学看来，那个领域却是一个无法到达的“他界”。

(2) 毕竟，康德的体系只是在形式上，确立了思维是自发而又有自决力的这一原则。康德从未详细说明思维是以什么方式作出自决，又在什么程度上作出自决。最先注意到这个欠缺的是费希特。费希特让人们注意到有对范畴进行演绎推理的必要，又确实提供出了可以说是这样的演绎推理。在费希特看来，“自我”是哲学发展的起点，而哲学发展的活动结果，据认为是可以在范畴中看到。但在费希特那里，“自我”却并非真正被展现为一种自由、自发的活动，因为自我被认为是最初由于受到外界的刺激而激励起来的。据认为，“自我”将针对这个冲击作出反应，而又只有通过这个反应自我才意识到自己。与此同时，这个刺激的性质仍然是一个异己的外力，而自我便永远是一个有限的存在，永远有一个“他物”和它对立。结果费希特也就从未超越康德的结论，即只有有限之物才是可知的，而无限之物则超越了思维的领域。康德所称之的自在之物，费希特称作外来的刺激——这外来的刺激是自我以外的一个抽象体，只能被描述或者界定为否定者或者非我。这样便将自我认作与非我处于一种本质的关系之中，通过这种关系才唤醒了自我的自我确定的活动。于是在这种情形下，自我也就只是自身的不断活动，以便从外来刺激中获得解放，但又永远得不到真正的自由。因为自我的存在是基于刺激的活动，如果没有了刺激，也就没有了自我。而且自我活动所产生的内容，也与通常经验的内容没有什么不同，只不过可以补充说，自我活动所产生的内容只是现象而已。

第五章　思维对客观性的第三种态度：直接知识或者直觉知识

61. 如果我们应该相信批判哲学，那么思维就是主观的，而且它的终极的、不可克服的模式就是抽象的普遍性，或者形式上的同一性。这样一来思维也就与真理相对立，真理绝非抽象概念，而是具体的普遍性。思维的最高模式被称之为理性，在理性这个最高模式的思维中，范畴没有得到重视。——与此正相反的理论则认为，思维只是一种特殊的活动，并因此宣称思维并不能认识真理。这就是直觉理论。

62. 按照这个理论，思维既然是一种私人的和特殊的活动，它的范围和产物也就都在范畴之中。但受到知性控制的这些范畴，却是思维的有限的工具，是受到制约之物的形式，是依赖之物和派生之物的形式。一个局限于这些模式的思想并没有无限感和真实感，因而不能把使思想与无限感和真实感分隔开来的鸿沟弥合起来。（这个限制指的是对上帝的存在的证明。）这些不充分的模式或者范畴也被说成是概念，因而按照这个说法，获得对一个对象的概念，只能意味着按照受到制约和被派生出来的形式来掌握这个对象。因此，如果所说的对象是真实的，无限的，不受制约的话，那么我们就用我们的概念，把它改变成一个有限的和受到制约的事物；由此我们并不是通过思维来领会真理，而是把真理曲解为非真理。

这就是提出来的那个唯一简单的论证，以支持下述论题，即有关上帝和真理的知识必须是直接的，或者说必须是直觉的。在从前，各种各样所谓上帝被赋予人性的概念，都遭到了排斥，因为那些概念是有限的，因而与无限的上帝不相称；而这样一来，上帝也就被简化为一个说得过去的空白的存在。但在当时，那些思维形式一般来说并不被认为是属于神人同形同性论①。这等于说，人们相信思维剥夺了有关绝对事物的概念中的有限性——这就与上面所提到的所有时代的信念相一致，即反思是通向真理的唯一道路。但现在，最终，甚至那些思维形式也被宣称是被赋予人性的，而且思维本身也被描述为一种单纯的变得有限的能力。

在雅各比的《关于斯宾诺莎的学说书信集》补遗七中，他最清晰地陈述了这种批评——他从斯宾诺莎本人的著作中借来了他的论证方式，把它用做反对一般知识的一种武器。在他所作的抨击中，知识被看做是指只是关于有限之物的知识，是从一系列条件中的一个条件前往另外一个条件的思维过程，而其中的每一个条件既是进行制约的又是被制约的。按照这样一种看法，有关任何事物，对它的概念作出解释和予以获得，就等于表明它是从某个他物被推论出来的。因而，这种知识所包含的不论什么东西，都是不完全的，依赖他物的和有限的，而无限之物或者真实之物，也就是上帝，则位于据说知识被限制在其内的那种机械的互相联系之外。——重要的

① 神人同形同性论（anthropomorphism），指把人的感情和行为归属于神，或者说赋予神以人形或人性。亦译拟人论，拟人观。

是要注意到，康德哲学之肯定范畴的有限性，主要仅在于范畴的主观性的形式规定方面，而雅各比则讨论了范畴本身的固有性质，并宣称范畴就其含义而言是有限的。当雅各比这样描述科学的时候，他所看到的，主要的是自然科学或者“精确”科学在弄清自然的力量和法则方面所取得的卓越成就。我们当然不是在这些科学所占据的有限领域里，能够期待遇见无限之物的存在于内心的存在。诚如拉朗德[1]所说，他曾经用他的望远镜扫视了整个天空，但却并没有看见上帝。（参见第60小节附释。）在自然科学的领域里，作为分析的最终结果的共相，只不过是外在有限之物的不确定的聚集，简言之，就是物质。雅各比正确地感知到，在从一个作解释的条款或者法则前往另外一个条款或法则的途中，并不能获得别的结果。

63. 雅各比一直强烈主张这种学说，认为真理为精神而存在，结果也就宣告，人赖以为生的只是理性。这个理性就是有关上帝的知识。但既然被推论出来的知识是被限制在有限的内容的范围之内，因而理性就是并非被推论出来的知识，或者说就是信念。

知识、信念、思维和直觉，就是我们在这种反思方式上所遇见的范畴。这些术语，由于据推测为每一个人所熟悉，因而也就过于频繁地被武断使用，指导这些使用的不过是心理学的种种概念和区分，而没有对它们的性质和概念进行任何调查，这毕竟是个大问题。这样一来，我们也就经常发现知识与信念形成对照，而信念同时又被解释为一种并非被推论出来的知识，或者说是直觉的知识，因而它起码也一定是某种知识。除此之外，它毫无疑问是经验的一

① 拉朗德（Joseph Jér? me Lefran? ais de Lalande，1732—1807），法国天文学家，作家。

种事实，首先，是我们认为存在于我们的意识之中的东西——这意味着，我们知道它的情况；其次，这种信念是在我们的意识中的一种确定性——这意味着，我们了解它。再则，尤其是，我们发现思维与直接知识和信念相对立，尤其与直觉相对立。但如果这种直觉被限定为智力上的直觉的话，那么我们就必须确实指的是思维着的直觉，除非在有关上帝的性质的问题中，我们愿意解释说，智力指的是想象力的表象和表述。在这个体系的通用术语中，甚至在涉及出现在感官中的普通对象的时候，信念或者信仰一词也得以被运用。雅各比说，我们相信我们拥有身体——我们相信感性事物的存在。但如果我们谈到对真实而永恒的事物的信念，并且说，上帝是在直接知识或者直觉中被给予了我们，向我们揭示出来，那么我们所关切的，也就不是感性事物，而是我们的能思的心灵的特殊对象，是带有固有的普遍意义的真理。而当个体的“我”，或者换句话说个性——这里指的并不是经验的“我”，也不是单个的私人，被讨论的时候，尤其是当上帝的个性在我们的面前的时候，我们所谈到的就是纯粹的个性——是在其自身的自然的共相中的个性。这样的个性就是一种思想，它只是位于思维的领域之内。不仅如此。纯粹而又简单的直觉，与纯粹而又简单的思维完全相同。首先，直觉和信念表示的是在我们对它们的一般使用中，我们使之归属于这些词语的确定的概念：而且在这个程度上，它们在几乎人人都能理解的某些方面上与思维不同。但在这里它们在一个更高的意义上被接受了，而且必须被解释为意味着对上帝的一种信念，或者是对上帝的一种智力上的直觉；简言之，我们必须放弃能够把位于一边的思维与位于另一边的信念尤其区分开来的一切事物。当信念和直觉被转移到这些更高的领域的时候，信念和直觉与思维有何不同，是任何人都不可能说出的。然而，这就是词语所作出的无效区别，人们总以为有了这种无效的区别就能肯定地说出一个重要的真理，殊不知他们所坚持的界说与他们所非难的界说完全是一回事。

信念这个术语有一个特殊的优点，那就是一提信仰便令人想到基督教信仰。信念一语似乎包括了基督教信仰，或者说也许甚至与基督教信仰相一致。这样一来，信念哲学也就有了一种完全是正统的基督教外观，凭借这种外观，信念哲学也就可以冒昧更自负和更有权威地任意下断语。但我们却不可让自己被仅仅文字上的类似所带来的假象所欺骗。信念哲学与基督教信仰是根本不同的。首先，基督教信仰自身包含着教会的一种权威，但雅各比哲学的信念却除了一种个人的启示之外，并无其他权威。其次，基督教信仰是一组内容翔实丰富的客观真理，是知识和学说的一个体系；而哲学信念的范围却完全是不确定的，结果在它为基督教信仰留出空间的时候，它也同样接受了对达赖喇嘛的神性、对牛或者猴子的神性的信仰——这样一来，就其本身而言，也就把神性压缩到其最简单的术语，也就是一个“至上的存在”。信念自身，就这种公开声称的哲学意义而言，只不过是直接知识的没有生气的抽象概念而已——一种可以应用在非常不同的事实上的纯粹形式上的范畴；而且不管我们是在信仰者的心中和圣灵的存在于内心中来看待那个信念，还是在神学学说的体系中来看待那个信念，它都永远也不应该与精神丰富的基督教信仰相混淆或者相认同。

与这里所称之的信念或者直接知识在一起的，必须还有被认同的灵感，内心的启示，自然灌输给人的真理，尤其是，还有所谓的健康的理性或者常识。这些形式全都把直接的或者不言而喻的方式用作它们的指导原则，在直接或者不言而喻的方式中，一个事实或者一组真理被呈现在意识当中了。

64. 这种直接知识取决于这种认识，即无限之物，永恒之物，在我们的理念之中的上帝，是确实存在的；或者说它断言，在我们的意识之中，上帝的实际存在的确定性是与这个理念直接而又不可分隔地结合在一起。

寻求对直接知识的这些基本原理提出质疑，是哲学家最不应该想到要做的事情。相反，当这些古老的学说在实际上表达出了哲学学说的一般要领之时，它们甚至以这种非哲学的方式，在某种程度上成为时代的普遍信念，这时哲学家们可能会找到应该自我庆幸的理由。确切地说，真正的奇迹在于，任何人都能够假定，这些原则是与哲学相对立的——这些基本原理，也就是哲学认为是真实的不论什么东西，都是在精神中内在的，而且对于精神来说真理是存在的（参见第63小节）。从一种形式的观点来看，在下述基本原理中有一种奇特的引人关注的性质，即上帝的存在是直接而又不可分隔地与有关上帝的思想结合在一起，而且客观性则是与思维起初呈现出来的主观性结合在一起。直接知识的哲学并不满足于此，它在其片面的看法上走得非常之远，以至于断言，甚至在感知中，存在的属性与我们有关我们自己的身体以及外部事物的概念不可分隔地结合在一起，同时也与有关上帝的思想不可分隔地结合在一起。现在哲学所作的努力，恰恰是要证明有这样一种统一，是要表明，这种统一存在于思维与客观性的性质本身之中，是与存在和客观性不可分割的。既然如此，因而不管这些证明的性质可能形成什么估价，哲学都必须无论如何乐于看到下述被表现了出来并得到了坚持，即哲学的基本原理是意识的内容，而这样一来哲学的基本原理也就与经验达到和谐。确切地说，在哲学与直接知识的断言之间的区别，集中于当直接知识与哲学相对立的时候，直接知识所采取的那种排除其他一切的态度。

现代哲学的全部兴趣，可以说都以笛卡儿①的“我思故我在”（Cogito，ergo sum）这个基本原理为转移，然而一个同样不言而喻或者说是直接的真理就是，这个基本原理起初是由其作者陈述出来的。凡是把这称为三段论法的人，对这样一种三段论法的了解，一定仅限于知道这个三段论法中有“故”。我们将在哪里寻找那个中项呢？而且中项是三段论法中比“故”更为本质的一点。如果我们把笛卡儿中的理念的结合称为一种“直接的”三段论法，从而试图证明这个称呼是有道理的，那么三段论法这个多余的品种，也就是思维的明显不同的术语的一种完全无中介的综合的单纯名称。既然如此，那么在直接知识的基本原理中所说的那种存在与我们的理念的综合，也就完全同笛卡儿的原理一样有资格获得三段论法的称呼。兹从霍托②的论文《论笛卡儿哲学》（1826年出版）借用下述引语，在其中笛卡本人儿明确宣布，“我思故我在”这个基本原理决非三段论法。这些段落见于《答第二反驳》，《方法谈》第四章，

① 笛卡儿（Rene Descartes，1596—1650），法国哲学家、自然科学家、解析几何的奠基人。提出“我思故我在”，其哲学基础是灵魂和肉体、“思维”实体和“广延”实体的二元论，主要著作有《几何学》、《方法谈》、《哲学原理》等。

② 霍托（Heinrich Gustav Hotho，1802—1873），黑格尔的学生，德国艺术史家。

以及"书信集"第一卷第118页。兹从第一个段落引用这个更为切要的话。笛卡儿说，"我们是能思的存在，是'是一种本原的概念，并不是从三段论法推论出来的'（'prima quaedam notio quae ex nullo syllogismo concluditur'）"；他继续说道，"当有人说我思故我在或者我思故我存在的时候，他也并不是用三段论法把存在推论出来'（neque cum quis dicit；Ego cogito，ergo sum sive existo，existentiam ex cogitatione per syllogismum duducit）。"笛卡儿知道三段论法所需具备的条件，因而他补充说，为了使这个基本原理容许通过三段论法进行演绎，我们就须增加上这个大前提："凡能思者都在或者都存在"（Illud omne quod cogitat，est sive existit）。他说，当然这个大前提本身就须从最初的陈述中被演绎出来。

在这个基本原理上，笛卡儿使用的措辞是，进行思考的"我"，也必须同时"存在"，他说，这个联系是在对意识的简单感知中被给予的和暗示出来的——这个联系就是那个绝对的第一，就是那个原则，是所有事物的最确定和明显之物，这样一来也就不能设想有任何不可知论会荒谬得不承认这一点。——这些措辞全都是非常生动和明确，结果雅各比等人在这个直接联系上所作的现代陈述，只能被认为是毫无必要的重复。

65. 我们所谈论的这种理论并没有满足于表明，间接知识单独看来是真理的一种适当的媒介。这种理论的明确原则就是，只有完全排除了中介的直接知识，才能拥有一种真实的内容。这种排除足以表明，这个理论陷入了形而上学的知性，陷入时所用的口令就是"不是——就是"。而这样一来，它也就确实是陷入了外在的中介的习惯之中，其要点就在于紧紧抓住有限之物的那些狭隘而又片面的范畴，它错误地想象，它自己已经把那些范畴永远留在后面了。然而，眼下我们将不会详尽地讨论这一点。一种排他的直接知识只是被断言为一个事实，而在这本导言里，我们只能从这个外在的观点来研究它。当我们来到在中介与直接之间的对立这个逻辑问题的时候，这种知识的真正意义就将得到解释。但在我们面前的这种看法的特点就是，它拒绝检查事实的性质，也就是说拒绝检查事实的概念；须知这样的一种检查本身就会是向中介迈出的一步，甚至是向知识迈出的一步。因而根据逻辑所作的真正的讨论，也就必须被推迟到我们来到逻辑本身的恰当领域的时候。

这本《逻辑学》的整个第二个部分，即本质存在的学说，就是对直接与中介的固有而又自我肯定的统一所作的讨论。

66. 这样一来，我们也就并不需要超越这一点：即直接知识应该被接受为是一个事实。既然如此，检查也就针对着经验的领域，针对着一种精神现象。如果是这样的话，我们也就只需要注意到，既然真理是最普通的经验，而且我们又清楚地知道真理是复杂而又高度中介化的思绪所带来的结果，那么真理也就把自己直接地而又毫不费力地呈现在每一个熟悉这个主体的人的头脑面前。数学家，就像每一个掌握了一种特殊科学的人一样，是用现成的解法来解任何一道习题，而现成的解法又是预先经过最复杂的分析才得出的。每一个受过教育的人都有若干个能轻易搜集起来的普遍观点和基本原理，但那些观点和原理却只能产生自频繁的深思和长期的体验。在任何一种知识、艺术或者技术专长上，我们之所以能够获得技能，是因为在那种技能出现的时候，我们的脑海中便出现了那种特殊的知识或者特殊种类的活动，我们甚至可以说，那种特殊的知识或者活动就直接出现在我们的四肢中，直接出现在外向的活动中。在所有这些情况中，知识的直接性远非排除了间接性，结果那两个事物联系在了一起——直接知识实际上是间接知识的产物和结果。

同样明显的是，直接的存在与它的中介结合在了一起。种子和亲本[1]，就它们所产生出来的幼苗和幼崽而言，就是直接的和最初的存在。然而种子和亲本，尽管它们存在着，并因而是直接的，但它们本身也是产生出来的：幼苗和幼崽因为自己存在，因而也就是直接的，而并未有损于其存在的中介性。我在柏林这个事实，我在这里的直接的出现，其中介就是我走了一段旅程到了这里。

67. 涉及有关上帝的直接知识、有关法律原则和伦理原则的直接知识，（这里的直接知识包括从别的方面来看叫做本能、被灌输的理念或者固有的理念、常识、自然理性，或者简言之我们给予原始的自发性的不管什么形式，）有一件事情可能会被注意到。要求教育或者发展把意识中所包含的东西带进意识之中，这是经验之谈。甚至柏拉图的回忆说[2]也是如此；而基督教的洗礼，尽管是一种圣礼，却也包含着一个基督徒的成长这个额外责任。简言之，宗教和道德，不管它们在多大的程度上可能是信念或者直接的知识，却仍然在每一个方面都受到中介过程的制约，那种中介过程称之为发展、教育、训练。

拥护天赋观念的学说的人，完全同攻击这个学说的人一样，都是从始到终造成了这里所指出的那种同样的排他性和狭隘性。他们画出了一条坚实而又牢固的界限，界限的一边是某些普遍原

① 亲本（parent），生物学术语，亦译“亲代”，也就是动物的母体。

② 柏拉图的回忆说（Platonic reminiscence），指不朽的灵魂对理念的回忆。

则与灵魂的本质上的直接结合（如果可以这样说的话），界限的另一边则是另外一种须用外在的方式、通过特定的对象和概念的渠道所带来的结合。有人对于天赋观念的学说，曾予以经验论的反驳。据说人人一定皆有天赋理念，譬如矛盾原则既是人人意识中所共有的，那么他们必然知道这个原则。因为矛盾原则以及别的类似的原则，均算作天赋观念。我们可以将这种反驳认作是一个错误。因为这里所说的原则，尽管是天赋的，却并不因此便具有我们所意识到的概念或表象的形式。虽然如此，但这个反驳用来反对直接知识的粗糙理论，却完全中肯，因为直接知识的理论明晰地主张，只有在意识之内的内容才可以说是具有直接知识的性质。——还有一点值得注意。我们可以认为，直觉学派承认，特别就宗教信仰而言，它必然包含着一种基督教的教育和发展或者宗教的教育和发展所作的补充。这样一来，如果直觉学派在谈到信仰的时候试图无视这样的承认，或者暴露出反思的欠缺，并不知道一旦承认教育的必要性则中介性就是不可或缺的，如果是这样的话，那么直觉学派就是任性而为了。

附释：

柏拉图所谈到的对理念的回忆，相当于说理念是人所固有的，而不是像智者派[①]所断言的那样，是从外面输入到人的脑子里的。但把知识设想为回忆，并不与人所固有的东西的发展相抵触，也并不把人所

---

① 智者派（Sophists），指公元前5和前4世纪古希腊的一些演说家、作家和教师。他们大多周游希腊全境，讲演各种课题，并收取一定酬金。智者派一词一度有“强词夺理的诡辩者”之意。黑格尔是现代第一个重新将智者派放入希腊哲学史的人。智者派最独特的信条之一是：美德是可以教出来的。

固有的东西看作无用之物而不予理会——因为人所固有的东西的发展是中介的另一个说法。这也适用于我们在笛卡儿和苏格兰哲学家那里发现的天赋观念①。这些观念首先只不过是潜在的，应该被看做是在人身上的一种单纯的能力。

68. 就这些经验来说，其感染力是取决于某个表明自身是与直接意识结合在一起的事物。即使这种结合最初只不过是外在的经验的联系，但甚至对以经验为依据的观察来说，这种联系也足以表明它自身是本质的和不可分割的。然而，如果这种展现在经验中的直接意识被单独来看待的话，只要它是上帝和神性的一种意识，那么它所必然包含的心态也就一般被描述为一种提高，高于有限之物，高于感官，高于自然心情的本能欲望和感情。那种提高过渡到对上帝和神圣的秩序的信念，并在信念之中终止。因而显然，尽管信念可能是一种直接的知识和确定性，它也同样暗示着，对这个过程的干预就是它的前提和条件。

我们已经说过，所谓从有限出发对上帝的存在所作的证明，就把这种提高表达了出来。从这一点来看，这些证明决非矫揉造作的反思作用所臆创，而是精神运动进程中所走的必然而又本来的渠道，尽管可能的是，在这些证明的通常形式中，这些证明并没有得到正确和恰当的表达。

69. 直接知识的学说的主要兴趣，正是从主观理念到存在的过渡（参见第64小节）。一种原始的而又不言而喻的相互联系，被宣

---

① 天赋观念（innate ideas），假定先天存在于人心中的观念，与来自经验或由经验汇集而成的观念形成对照。这种理论盛行于17世纪，笛卡儿是其最杰出的阐述者。

告为存在于我们的理念与存在之间。过渡的这个中心点完全对在经验中表现出来的任何联系不予理会，然而恰恰是这个中心点清晰地包含了一种中介过程。而且这种中介过程又决非不完美和不真实，它并不是与某种外在事物一起并通过外在事物而产生出来的，而是一种自己包含着前提与结论在自身之内的中介过程。

70. 这是因为，这种理论所断言的就是，真理既不是仅仅作为一种主观的思想存在于理念之中，也不是单纯的自为存在；——那种单纯的自为（per se）存在是一种并非理念的存在，只是世界的有限的感性存在。这全都只是没有经过论证便断言，理念只有依靠存在才拥有真理，而存在也只有依靠理念才拥有真理。直接知识的基本原理摈弃了一种不确定的空虚的直接性，（也摈弃了抽象的存在或者纯粹的自为的统一），反而肯定了理念与存在的统一。它这样做是正确的，但如果看不到下述却是愚蠢的，即不同种类的术语或者模式的统一并不仅仅是一种纯粹直接的统一，也就是说并不是空虚而又不确定的统一，而是一个术语只是通过另外一个术语的中介，才表明是拥有了真理——这一点同样得到了强调。或者，如果宁可这样说的话，那就是任何一个术语只有通过另外一个术语，才得到了真理的中介。中介的性质被包含在直觉的直接性之中，这一点因而也就被展现为事实，与此形成对照的是，知性是符合了直接知识的基本原理，即意识的证据是绝对可靠的，因而知性也就没有什么可摈弃的。只有一般的抽象知性，才采用了中介和直接性这些术语，而且又绝对是用其自身，来把一条不可改变的区别线描绘出来，这样一来也就把使得它们调和的这个无望的任务，落在自己的身上。我们已经表明，这个困难事实上并不存在，它在思辨的概念中消失了。

71. 直觉学派的片面性给它带来了某些特性，除了其基本原则已经在上面讨论了之外，其要点尚须略加指出。第一，既然真理的标准并不是发现于内容的性质中，而是发现于意识的单纯事实中，因而每一个所谓的真理的基础，也就只能是主观的确信，只能是断言我们是在我们的意识中发现了某个事实。这样一来，我在我的意识中所发现的事物，也就被夸大为所有人的意识的一个事实，甚至被当做意识的性质本身。

在有关上帝的存在的所谓证明当中，有一种就是“普遍的共识”（Consensus gentium），早在西塞罗[①]的时代它就具有了吸引力。“普遍的共识”是一种有分量的权威，而且从某个事实被发现是在每一个人的意识之中这种情况，到得出认为这是在意识的性质本身中的一个必要的成分这个结论，这个过渡是轻易而又自然的。在“普遍的共识”这个范畴中，潜藏着那种根深蒂固的感知，甚至最没有教化的人也拥有这种感知，即个人的意识同时也是特殊的和偶然的。然而除非我们检查这种意识的性质本身，把它的特殊而又偶然的成分除去，并且通过反思的辛苦工作，把其完整而又纯粹的共相暴露出来，否则它就只是对于某一内容表示共同赞成，以为足以建立起一个合乎习俗的成见，因而就硬说成见属于意识的本性。当然，如果思维的要求在于从普遍常见的事物中进而寻求其必要性的话，那么“普遍的共识”（Consensus gentium）也就自然是不充分的。然而即使承认这个事实的普遍性是一种令人满意的证明，但人

① 西塞罗（Marcus Tullius Cicero，公元前106—公元前43），古罗马政治家、演说家和哲学家。著有《论善与恶之定义》、《论法律》、《论国家》等。

们已经发现，按照这样的论证是不可能确立对上帝的信念的，因为经验表明，有一些个人和一些民族并没有这种信念。① 但最简捷最便宜的莫过于仅仅作出这样的断言，即我们在我们的意识中发现了一个事实，确定它是真实的，并且宣告，这种确定性属于精神的性质本身，而并非仅仅是源于我们的特殊精神构成。

在这些问题当中的危险在于，它所看到的是精神对对象是怎么理解的，而不是对象实际上是什么以及明确是什么。如果我们未能注意到这个区别，那么人们的感官的最普通的感知就将是宗教：因为每一个这样的感知，而且确实心灵的每一个活动，都含蓄地包含着这个原则，当这个原则得到净化和发展的时候，它就上升到宗教。但能够成为宗教是一回事，能够拥有宗教却是另外一回事。而且尚且含蓄的宗教又只是一种能力或者可能性。

这样一来，在现代，按照一些旅行家们的说法，他们发现，希罗多德所说的非洲巫师（goetes）所拥有的宗教信仰，有一些部落（如罗斯和帕里船长对爱斯基摩人所作的发现）甚至连一丁点也没有。而另一方面，一个英国人曾在上一次天主教大赦年的头 5 个月

① 为了判断经验是在多大或多小程度上把无神论或者对上帝的信仰的情况表现了出来，至关重要的就是要知道，究竟是对于上帝的单纯一般概念就足够了，还是要求有对于上帝的更为确定的知识。基督教世界当然会拒不把上帝的称号给予印度人和中国人所崇拜的神，或者非洲人的物神，甚至也拒不给予古希腊人的众神。如果是这样的话，那么信仰这些神的人也就不会是上帝的信仰者。另一方面，如果认为，就像生物学中的种必然包含着属一样，对神的这样一种信仰必然包含着对上帝的某种信仰，那么对神的崇拜就会表明，它并不仅仅是对一个神的信仰，而是对上帝的信仰。雅典人有一种相反的看法。那些把宙斯解释为一片云，并主张只有一个神的诗人和哲学家们，在雅典被看做无神论者。

里呆在罗马，他在他对现代罗马人的描述中说，普通民众是执迷的信徒，而那些能读能写的人则无一例外是无神论者。

在现代很少听到对无神论的指责了，这主要是因为有关宗教的事实和要求已减少到了最低限度。（参见第73小节）

72. 第二，认为意识的直接性是真理的标准还可以引起另一种结果，即一切迷信或者偶像崇拜都可被视为真理，而意志的任何内容，不管是多么错误或者不道德，都应该准备予以辩解。印度人之所以在母牛、猴子、婆罗门或者喇嘛身上发现了神，是因为他信仰它们，而不是从推理或者对所谓的中介性的知识的演绎推理出发。但自然的欲望和感情却自发地把它们的兴趣寄托在意识之中，而不道德的目的也自然使自己出现在意识之中。这样一来，善或者恶的品性也就表现出了意志的特定存在，而那种特定存在又将会在兴趣和目的中被认识，而且是几乎立即被认识的。

73. 第三也是最后一点，有关上帝的直接意识只不过告诉我们上帝是存在的，而没有告诉我们上帝是什么。告诉我们上帝是什么应该是认知的一个活动，这个活动必然把中介性包含在内。这样一来，上帝既然是宗教的一个对象，也就明显地被缩小为不确定的超感觉之物，缩小为一般的上帝：而宗教的意义也被减少到最低限度了。

如果确实有必要赢回认为有一个上帝这个勉强的信念，甚至创造出上帝，那么我们完全可能对时代的贫乏感到吃惊，这个时代所获得的宗教意识少得可怜，并且在教堂的神龛中退回到供奉千百年前在雅典即已供奉过的“神秘的神”。

74. 我们还须对直接性的形式的一般性质略加说明。因为正是直接性这个范畴的本质上的片面性，才使得在这个范畴内的不管什么内容也带有片面性，并因而变得有限了。首先，直接性使得共相充其量就是外在于特殊性的一个抽象概念，而且上帝也是一个没有确定性质的存在。但在上帝被认为是中介过程中的中项，又同时是开端和结尾的时候，上帝只能被称之为一种精神。如果没有基本组成部分的这种统一，上帝就既不是具体的，也不是有生命的，也不是一种精神。这样一来，有关作为一种精神的上帝的知识，也就必然把中介性包含在内。其次，直接性的形式给特殊性赋予了独立存在或者自我中心的存在的性质。但这种谓项却又与特殊性的本质相矛盾——谓项系指在外部的某个他物。这样一来，这种谓项又给有限之物赋予了一个绝对事物的性质。但除此之外，直接性的形式也完全是抽象的，不会在两组内容当中有所偏爱，而是受到二者的同等影响：它既可能认可偶像崇拜和非道德的事物，也可能认可与偶像崇拜和非道德事物相反的事物。只有在我们辩明，作为特殊事物的内容并不是依靠自力生存的，而是从某个他物派生出来的时候，作为特殊事物的内容的有限性和非真实性才会恰当地表现出来。由于我们所辩明的内容有着其独立性质的理由，所以这种辩明就是一种包含着中介性的知识。我们能够认为是真理的唯一内容，是一种未通过某个他物起中介作用而促成的内容，它并不受到别的事物的限制；或者反过来说，它是通过自己起中介作用而促成的内容，在这个过程中，中介作用与直接的自我联系同时发生。知性想象自己已经摆脱了有限知识，作分析的形而上学家与旧"唯理论者"是同一的，因而再次唐突地把那种直接性当做真理的原则和标准，而那种直接性既然是一种抽象的自我联系，也就与抽象的同一性相同。

抽象思维（即“反思的”形而上学所使用的那种科学形式），以及抽象的直觉（即直接知识所使用的那种形式），完全是一回事。

附释：

在直接性的形式与中介性的形式之间的那种在看法上固定不变的对立，也就给予前者一种不完整性和不适当性，这又影响了被带到前者的每一个内容。整个看来，直接性意味着一种抽象的自我联系，也就是说意味着一种抽象的同一性或者抽象的普遍性。因此，本质上的和真正的共相，当仅仅是在其直接性上被看待的时候，就是一种单纯抽象的共相，而且从这个观点出发，上帝也就被设想为一个完全没有确定性质的存在。在这种情况下，把上帝称为精神也就只不过是一句空话而已，因为精神所必然包含的那种意识和自我意识，如果没有把它与它自身区分开来并与某个他物区分开来，也就是说如果没有中介作用的话，是不可能存在的。

75. 要批评思维对待客观真理的这第三种态度，只能采取在这种学说本身中得到自然表明和承认的方式。这个理论断言，直接知识是一个事实。事实上已经表明，若是说有一种直接知识，一种既没有通过某个他物的中介作用又没有通过自身的中介作用的知识，那就是不真实的。而且也已经作了解释，说思维只是在始终受到某个他物的中介作用的有限的和受到制约的范畴中进展，并且忘记在中介的行动本身中介作用又消失了，那实际上就是错误的。而要指出事实上有一种知识，它的进展既不偏向直接性，也不偏向间接性，这就须以逻辑学自身以及整个哲学作为样本。

76. 如果我们把直接经验的基本原理，与我们上面所据以出发的素朴的形而上学联系起来看待的话，就可从这个比较中看出雅各比学派的极端保守主义的性质。他的学说是倒退到这种形而上学在近代的开端，倒退到笛卡儿的哲学。不论是雅各比还是笛卡儿都主张下述三点：

（1）思考者的思维与存在具有简单的不可分性。“我思故我在”（Cogito，ergo sum）的学说，与认为“自我”的存在、实在和生存是在意识中向我直接揭示出来的学说相同。（事实上，笛卡儿在阐明他所说的思维就是一般的意识的时候，他是谨慎的。参见他的《哲学原理》第一章第9小节。）这种不可分性就是那种绝对是第一的和最确定的知识，而不是间接的、经过论证的知识。

（2）上帝的存在与上帝的概念不可分。上帝的存在必然被包含在上帝的概念之中，或者说如果没有存在的属性，也就永远不可能有上帝的概念，因而上帝的存在的属性也就是必要的和永恒的。①

在斯宾诺莎的著作中，我们也碰到同样的说法，即上帝的实质或者抽象概念包含着存在。斯宾诺莎的第一个定义，即关于自因（Causa Sui）的定义，把自因解释为“本质包含着存在，或者说本质的性质只能被设想为存在”。概念与存在的不可分性，是他的体系中的最重要的观点和基本前提。但这样一来，又是什么概念与存在不可分呢？并不是有关有限事物的概念，因为有限事物的构成便拥有了一种偶然的和被创造出来的存在。接下来是斯宾诺莎的第十一命题，它证明上帝是必然存在的，然后又是他的第二十命题，它

① 笛卡儿，《哲学原理》第一章第15小节：“如果读者注意到，在任何别的情况里，都不会在他的身上发现有一个在其中他看到必要的存在是以相同的方式被包含在内的理念，那么他就更倾向于相信，有一个极度完美的存在。他将看到，那个理念展现出了一种真正而又不可改变的性质——既然必然的存在是被包含在内的，因而那就是一种不能不存在的性质。”紧接着还有几句话，好像是传递信息或者作出论证，但不至于影响根本原则的要旨。

表明上帝的存在和他的本质是同一回事，这两个命题实际上是多余的，而且其证明则更流于形式而不是实际。他认为上帝是实体，是唯一的实体，而且鉴于实体就是自因，因而上帝也就必然存在，这种说法只不过是阐明，上帝是其概念与存在不可分的事物。——原注。

（3）关于外在事物的存在的直接意识。这一点所指的，只不过是自我意识。有这样一个事物，是所有的认知当中最无足轻重的一个。对于它，唯一值得认识的事情，就是有关外在事物的存在的这种直接知识是错误和错觉，而且这样的感性世界完全缺乏真实性；这些外在事物的存在是偶然的，会像一场演出一样停止；它们的根本性质，就是仅仅拥有一种可以与其本质和概念分开的存在。

77. 然而，在这两种观点之间有一种区别：

笛卡儿哲学臆断，作为它的出发点的这些未经证明的前提是不可证明的，笛卡儿哲学又从这些前提出发，进而达到更扩充发展的知识，这样一来便促成了现代科学的兴起。相反，（雅各比的）现代理论（参见第62小节），则得出了一个本质上更为重要的结论，认为实际上必须通过有限的中介过程来进行的认知，只能认识有限事物，永远也不能体现真理；并宁愿让有关上帝的意识，只停留在前述的认为上帝是存在的这个非常抽象的信念。①

① 相反，安塞姆（即圣安塞姆[Saint Anselm，1033—1109]，欧洲中世纪神学家、早期经院哲学的代表人物，主要著作为《上帝为何化身为人?》。——译者注。）则说，“我认为，如果在我们的信念已经被确认之后，我们并没有努力看到我们所信仰的事物的意义，那就是一种疏忽。”（见《上帝为何化身为人?》）安塞姆的这些话，与基督教教义的具体真理一起，提出了一个与这个现代信念所考虑的问题相比远为更难以解决的需要调查的问题。——原注。

（2）一方面，现代的学说在笛卡儿所提出的通常科学求知的方法上并没有作任何改变，而且进行研究时也采取与产生了经验科学和有限科学的方式完全相同的方式。但另一方面，当涉及就其范围而言是无限的科学的时候，现代的学说又抛弃了那种方法，而这样一来，由于它不知道还有别的方法，它也就摈弃一切方法。现代的学说沉湎于狂热而又变幻无常的想象与断言，沉湎于一种道德上的自命不凡和科学上的傲慢，或者沉湎于一种草率的教条阐述和论证的欲望，而这又是最响亮地反对了哲学和哲学学说。当然哲学绝不会容忍单纯的断言或者自负，而是对交替论证的自由发挥进行了遏制。

78. 在意识的内容或者事实中的一种独立的直接性，与据说与那种直接性不相协调的同样独立的中介性是对立的，而我们却因而必须摈弃这个对立。这种不相协调是一种单纯的臆断，是一种武断的断言。所有其他的臆断和假设都必须以同样的方式在哲学的入口处被放弃，不管它们是出于思维能力还是出于想象力。因为哲学是这样一种科学，其中的每一个这样的命题都必须首先得到详细检查，其意义和遭到的异议也必须得到确定。

怀疑主义既然被当成了一种消极的科学，并被系统地应用于一切形式的知识，也就可能是一种指出了这种臆断的无价值的适用的导言。但如果把怀疑主义用作导言，那它就会是一种不但吃力不讨好而且还无用的课程，而这又是因为辩证法本身就是积极的科学的一个本质的部分，这一点我们将很快谈到。除此之外，怀疑主义只能掌握那些被经验所暗示出来的有限的形式，把它们当做已知的形式，而不是把它们科学地演绎出来。要求这样一种怀疑主义达到目的，无异于坚持科学的前提是普遍的怀疑，或者完全没有先决条件。严格说来，在希望得到纯粹的思维的决心中，这个要求是由自由来达到的，自由在从一切事物中抽象地产生出来的时候，掌握了其纯粹的抽象概念，也就是思维的简单性。

第六章 逻辑学的进一步界定和划分

79. 就形式而言，逻辑学的原理有三个方面：（A）抽象的方面，或者说是知性的方面；（B）辨证的方面，或者说是否定的理性方面；（C）思辨的方面，或者说是肯定的理性方面。

这三个方面并不构成逻辑学的三个部分，而是在每一个逻辑实体中的阶段或者“环节”，也就是说，是任何一种概念和真理的阶段或者“环节”。它们可以全都放在第一个阶段，也就是放在知性的阶段，这样也就彼此孤立；但这样一来对它们的见解就会不适当。——对它们的分界线以及对逻辑学的特性方面所作的说明，在现阶段只能说既是反映历史的又是预示将来的。

80. （A）思维既然是知性，也就坚持种种性质的固定性以及它们彼此之间的区别性：思维把每一个这样的有限抽象概念，都看作在逻辑上是成立的，并拥有其自身的存在。

附释：

当我们一般地说到思维甚至概念这个术语的时候，我们心目中往往总以为只是指知性的活动。毫无疑问，思维主要的是知性的一种运用——只不过知性是走得更远，而且概念也并不仅仅是知性的一个功能。

知性的活动，一般可以说是在于赋予它的论题以普遍性的形式。但这种共相是一种抽象的共相，换句话说，它与特称命题的对立被非常严格地维持着，结果它同时也再次被缩小为具有一个特称命题的性质。在对其对象的这种分离和抽象的态度中，知性是直接的感知和感觉的反面，而直接的感知和感觉，就其本身而论，则又完全留在它们在具体事物中原来的活动领域里。

思维频频受到攻击，被说成是又固执又狭隘，而且如果一直发展下去的话，就会导致毁灭性的恶劣结果，而我们则必须用知性与感觉或者感情的这种对立，来解释思维所遭受到的这种攻击。如果说这些指责的内容是有道理的话，那么可以这样来对这些指责作出回答，这些指责并没有涉及一般的思维，当然也没有涉及理性的思维，而只是涉及知性的运用。但还有一点必须补充，单纯的知性的优点和权利应该毫不犹豫地予以承认。其优点就在于这个事实，不论是在理论的领域还是在实践的领域，如果没有知性，就不会有固定性或者准确性。

这样一来，从理论上讲，知识起始于对在现存对象中的特殊区别的领悟。例如，在对自然的研究中，我们区分物质、力的强度、种类以及诸如此类的事物，并把每一个事物都孤立地予以模式化。在这里，思维是以它的以同一性为准则的分析能力来活动的，是把每一个属性都简单地归属于它自身。正是在相同的同一性的指导下，知识的过程才从一个科学真理到另外一个科学真理得到了实现。这样一来，例如在数学中，长度就是那种决定了我们行走过的路程的特征，而任何别的特征都忽略不计。因而在几何学里，我们把一个图形与另外一个图形进行比较，以便找出它们的同一性。同样在知识的其他领域里，例如法学，其进展也主要是由同一性来控制的。在法学中，我们由一条特殊的法理推到另一条特殊的法理，这种推论，也是依据同一性的原理来进行的。

但知性在理论上不可或缺，在实践上也同样不可或缺。品德是行为中的一个要素，一个有道德的人是一个通情达理的人，他既然有那种习性，心目中也就有确定的目标，并且始终如一地追求那些目标。诚如歌德所说，想做某件大事的人，必须学会限制自己。相反，什么都想做的人，实际上会什么都做不到，而归于失败。世界上有许多有趣的事情：西班牙诗歌、化学、政治以及音乐，全都非常有趣，如果有人对它们产生兴趣，我们也不必挑剔。但如果一个人要在特定的环境中有所成就，他就必须专注于一事，而不是在许多方向上消耗他的力量。同样在每一种职业中，带着知性来从事职业就是伟大。因而法官必须忠于法律，并按照法律作出他的裁定，不可因这样或那样的考虑而迟疑，不可左顾右盼而有所宽宥。知性也始终是一丝不苟的训练中的一个成分。训练有素的智力并不满足于朦胧的、不确定的印象，而是掌握对象的固定性质，而没有教养的人则游移不定，要让他理解所讨论的问题，并让他把目光固定在谈论中的要点上，往往要费上大量的麻烦。

前面已经解释过，一般说来逻辑原理远非仅仅是我们的脑子里的一个主观的活动，而是那个共相本身，而共相就其本身而论也是客观的。这个原理在知性的情况中得到了例证，知性即逻辑真理的第一个形式。知性在这个更大的意义上相当于我们所称之的上帝的仁慈，这是就上帝的仁慈意味着有限的事物是存在着的、在逻辑上是成立的而言。例如在自然界，我们在下述事实看出了上帝的仁慈，即各个种类的动物和植物都被提供了它们的保护和生存所必需的一切东西。人类也不例外，无论就个人还是整个民族而言，凡是人类的维持和发展所需要的东西，人都在气候、土壤的品质和作物的特定状况以及他的禀赋和才能中获得了。在客观世界的每一个部门中，都可以看到以这种形态出现的知性，而且在这个世界里，任何一个对象如果不能充分满足知性的标准的话，都不是完美的。例如，一个国家，只要它没有在等级和职业上作出清晰的区分，只要那些在原则上不同的政治功能和政府功能没有为自己演变出特殊的机构，那么它就是不完美的；举例来说，我们看到，高度发展的动物的机体，均有特殊的器官以行使感觉、运动、消化等功能。

前面的讨论进程可足以表明，即使在民众的想象力认为最偏离知性的那些范围和领域里，知性也是不可或缺的，而且那些范围和领域越是没有知性，就越是有缺陷。在艺术、宗教和哲学中尤其是如此。例如在艺术中，当在原则上不同的种种美的形式保持着鲜明的特性，并展现出其纯粹的风格的时候，就可以看到知性。单个的艺术作品也是如此。一出诗剧的美和精湛，部分的是在于不同人物的性格应该得到仔细而又忠实的维持，而且所涉及到的不同的目的和兴趣应该得到素朴而又明确的展现。还有，以宗教的领域为例。希腊神话与北欧神话相比所具有的优势，（除了在主题和思想上的其他区别之外，）主要在于：在前者中，个性化的神被刻画为线条清晰的雕塑版的形式，而在后者，人物模糊朦胧地彼此混淆在一起了。最后谈谈哲学。在说了这一切之后，几乎没有必要特别指出，如果没有知性哲学就永远也不能取得进展。哲学的首要的要求就是，每一个思想都应该充分精确地予以掌握，什么也不得含糊和不确定。

人们通常补充说，知性不可走得太远。就此范围来说这话是正确的，即知性并不是终极的，相反却是有限的，是这样构成的，结果当知性被带到极端的时候，它也就转向了它的对立面。驰骛于抽象概念之中是年轻人的时髦，而有生活阅历的人则避开抽象的“不是……就是……”，并且不离开具体的事物。

81.（B）在辨证的阶段，这些有限的特征描述或者界说扬弃了它们自身，逐渐变成它们的对立面。

（1）但是当辨证的原则被知性孤立地、独立地使用的时候，尤其是在被应用于哲学理论的时候，辩证法就变成了怀疑主义，在怀疑主义中，因其行动而产生的结果被展现为单纯的否定。

（2）人们习惯性地把辩证法当做一种外在的艺术，它不受约束地把混乱和矛盾的单纯假象，带进确定的概念之中。而鉴于这一点，假象就是一种虚构的东西，而真正的现实则被认为是属于知性的最初的断定。确实，辩证法往往只不过是支持和反对的辩论的一种主观的交替，在那里优秀思想的阙如被造成这种辩论的细微之处掩盖住了。但在其真正的、恰当的性质中，辩证法却是单纯的知性在其中用作谓项的每一个事物的性质和本质——也就是事物的法则和作为一个整体的有限之物的法则。辩证法与“反思”不同。首先，反思超越了事物的孤立的谓项，把谓项关联起来，揭示出谓项的相对性，同时又在别的方面让谓项保持其孤立的有效性。但辩证法则意味着那种存在于内心的外向的倾向，由此知性的谓项的片面性和局限性得以真实地表现出来，并被展现为那些谓项的否定。任何事物要是有限的话，就恰恰是要压抑它自己，把自己暂时丢开。这样来理解的话，那么辨证的原则也就构成了科学进步的生命和灵魂，构成了独自把内在的联系和必然性给予科学的主要部分的那种活力，简言之，被看做是在有限之物之上的真实而又真正的提高，而不是在有限之物之上的外在的提高。

附释：

（1）最重要的就是，要弄清并正确理解辩证法的性质。哪里有运动，哪里有生命，哪里有任何事情在实际世界里被实现，哪里就有辩证法在起作用。辩证法也是一切真正是科学的知识的灵魂。在看待事物的普遍方式中，拒不被知性的抽象宣称所束缚似乎就是公正的，按照“自己活也让别人话”这句谚语的说法，公正性要求每一个人都应该有自己的秉性；我们承认其中的一点，但我们也承认另外一点。但当我们更仔细看的时候，我们也就发现，有限之物的局限性并非仅仅是来自外部，有限之物的本性就是它被扬弃的原因，它通过自身的行动逐渐变成了它的对应物。例如我们说，人终有一死，我们似乎认为，人的死亡的原因只是外部的情况，这样一来，如果这样看是正确的话，那么人就会有两种特殊的固有属性，有生命力，也有必死性。但对这件事情的正确看法却是，生命之所以为生命，也就包含着死亡的萌芽，而且有限之物，由于在根本上是自相矛盾的，也就包含着其自身的自我压抑。

而且，也不可把辩证法与单纯的诡辩术相混淆。诡辩术的本质在于，它把权限赋予一个处于孤立状态中的片面而又抽象的原则，那个原则可能适合于个人当时的兴趣和特殊形势。例如，对于我的存在以及我拥有存在的手段的关注，是作出举止的一个极其重要的动机，但如果我仅仅强调这个须考虑的因素，或者仅仅强调我的福利的动机，并且得出我可以偷窃或者出卖祖国的结论，那么这就是诡辩。同样，在举止上的一个极其重要的原则就是，我应该在主观上是自由的，也就是说，我应该拥有对我所做的事情的一种洞察力，并且确信那是正确的。但如果我的辩护只是坚持这个原则，那么我也就陷入诡辩，因为这会推翻道德的所有原则。辩证法与这种偏私的辩护完全不同：辩证法的目的就是在事物自身的存在和运动中研究事物，并从而展示出知性的片面范畴的有限性。

另外，辩证法决非哲学中的新奇事物。在古人当中，柏拉图被称为辩证法的发明者，而他拥有这个称号的权利在于这个事实，即首先是由柏拉图哲学把自由的科学形式给予了辩证法，并从而同时又把客观的形式给予了辩证法。我们应该从苏格拉底的哲理推究的一般性质中看到，他拥有那种以显著主观的形态出现的辩证成分，也就是反讽的成分。他往往首先用他的辩证法来反对一般的意识，然后又特别用它来反对智者派。在他与别人的交谈中，他往往假装希望能够有关讨论的话题获得某种更清晰的知识，而在带着那种意图提出各种问题以后，他又把那些与他交谈的人，引导到他们最初的印象宣称是正确的话的对立面。例如，如果那些智者派声称是教师，那么苏格拉底就通过一系列的问题，迫使智者派普罗泰哥拉①承认，一切学问都只不过是回忆。在他的更严格的科学对话中，柏拉图使用辨证的方法，表明有关知性的一切固定的术语都具有有限性。这样一来在《巴门尼德篇》中②，他从"一"中演绎出"多"，并且表明，尽管如此，但"多"又只能把自己界定为"一"。柏拉图就是用这种宏伟的风格，来处理辩证法。在现代，复兴了辩证法并再次使它获得其荣誉地位的，当首推康德。我们已经看到（参见第48小节），他解决了理性的二律背反这个难题，从而实现了辩证法的复兴。这些二律背反的问题，决非仅仅是在一组理由与另一组理由之间来回摆动的主观工作；实际上它足以表明，知性的每一个抽象命题，如果单就其自身的性质来看，自然会转化到它的对立面。

不管知性可能会多么不愿意承认辩证法的活动，我们却不可以认为，对辩证法的存在的承认是奇特地仅限于哲学家。如果这样说的话，那就会更真实一些，即辩证法表达出了在所有其他层次的意识中，以及在一般的经验中所感觉到的一种法则。围绕着我们的每一件事情，都可以被看作是辩证法的一个例子。我们意识到，每一个有限的事物，都并不是固定的和

---

① 普罗泰哥拉（Protagoras，公元前490—公元前420），古希腊哲学家，智者派的主要代表人物，提出相对主义的著名命题"人是一切事物的尺度"。著有《论神》等，因被控以不信神之罪，著作被焚。

② 巴门尼德（Parmenides，公元前515—公元前450）古希腊哲学家，爱利亚学派创始人，认为思想与存在是同一的、无生灭的、不动的、单一的，著有用诗体写成的哲学著作《论自然》，现仅存残篇。

终极的，相反却是可变的和短暂的；而我们所说的有限之物的辩证法，恰恰就是这个意思，按照这种辩证法，有限之物由于暗含着并非它本身之意，也就不得不超越它自身的直接的或者自然的存在，突然变成了它的对立物。在前面（参见第80小节），我们已经把知性与上帝的仁慈的通俗观念之中所必然包含的东西认同起来；现在我们可以在相同的客观意义上来谈到辩证法，说辩证法的原则与上帝的力量的观念相符。我们说，所有的事物——也就是就其本身而论的有限世界——都是有劫数的；而在这样说的时候，我们眼前便有了那种作为普遍而又不可抗拒的力量的辩证法，在它的面前什么也不能停留，不管它可能认为自己是多么安全和稳定。确实，力量这个范畴并没有详尽无遗地论述出上帝的神性或者概念的深度，但它却当然形成了一切宗教意识中的一个极其重要的成分。

除了辩证法的这种普遍的客观性之外，我们还在自然世界和精神世界的每一个特殊的领域和方面，都发现了辩证法存在的痕迹。姑且以天体的运行作为例证。在这个时刻，那颗行星是在这个地点，但又隐含着在另外一个地点的可能性，而那颗行星又是通过移动，带来了在另外一个地点的可能性。同样，“物质的”因素显出自己是辨证的。气象活动的进程就是物质因素的辩证法的展现。它与作为每一种其他自然过程的基础的动态相同，并且可以说是迫使自然超出了自身。为了阐明在精神世界里的辨证过程，尤其是在法律和道德领域里的辨证过程，我们只需回忆起，一般的经验向我们表明，一个状态或者行动走到了极端，就会突然转换到它的对立面：这是一种在普通的谚语中以许多方式得到承认的辩证法。因而就有了 summum jus summa injuria（最严峻的法律最不公正①），意思是说，把抽象的权利带到极端就是

① 这是古罗马哲学家西塞罗的话。

犯下了过错。每一个人都知道，在政治生活中，极端的无政府主义自然导致极端的专制主义，极端的专制主义也自然导致极端的无政府主义。在个人道德准则的领域中，对辩证法的感知见于“骄者必败”、“聪明反被聪明误”这些著名的格言。甚至感觉，不论是精神的还是身体的感觉，也有其辩证法。每一个人都知道，极端的痛苦和极端的欢乐可以彼此转换，充满了欢乐的心脏会寻求在泪水中得到安慰，而且最强烈的忧郁有时会用微笑把自己暴露出来。

（2）怀疑主义不应该仅仅被看做是一种怀疑的学说。更准确地说，怀疑主义者毫不怀疑他的观点，而他的观点就是一切有限的存在都是虚无。只是怀疑的人仍然抱着这样的希望，即他的怀疑可能得到消除，而且他摇摆于其中的那些确定的观点中的一个或者另外一个，将会证明是坚实的和真实的。而真正的怀疑主义则完全不同：对于知性认为是稳固的一切事物，它是完全不抱有希望，而且它所产生出的感觉是一种不中断的平静和内心的从容。古代的高贵的怀疑主义起码就是如此，这在塞克斯都·恩披里柯①的著作中尤其得到了展现，在罗马时代的晚期，这种怀疑主义得到了系统化，成为斯多葛哲学和伊壁鸠鲁学派的教条体系的补充。在特征上远为不同的，应该与它严格区分的，就是我们已经提到的现代怀疑主义（参见第39小节），现代怀疑主义在某种程度上是先于批判哲学而存在，又在某种程度上是由批判哲学所引起。这后一种怀疑主义，主要是在于它否认超感觉事物的真实性和必然性，并且指出，感官和直接感觉的事实是我们须坚持的东西。

---

① 塞克斯都·恩披里柯（Sextus Empiricus，160—210），活动于亚历山大城、罗马和雅典的哲学家兼历史学家。他在其《皮朗主义纲要》和《反对独断论者》两部著作中对希腊怀疑主义作了全面的记述。1562年他的《皮朗主义纲要》重新出版，此书对欧洲哲学思想影响深远。

甚至直到今天，怀疑主义也往往被说成一切实证知识的不可抗拒的敌人，并因而就哲学是与实证知识有关而论，成为哲学的不可抗拒的敌人。但在这些陈述中，却有着一种误解。不得不惧怕怀疑主义的，只是抽象知性的有限思维，因为它不能抵抗怀疑主义：哲学则是把怀疑主义的原则包括在内，把它当作以辩证法的形态出现的一种自身的从属功能。然而，与单纯的怀疑主义形成对照的是，哲学并不满足于辩证法所带来的纯粹否定的结果。当怀疑论者以为他的结果只不过是一种不折不扣的否定的时候，他是误解了他的结果的真正价值。因为作为辩证法的结果而出现的否定，由于它是一种结果，也就同时成为肯定：它包含着从中产生的事物，把那个事物吸收进入自身，并使那个事物成为它自身的性质的一个部分。然而在被这样设想出来的时候，这个辨证的阶段也就拥有了成为逻辑真理的第三层次的特性的那些特征，那第三个层次就是思辨的形式，或者说是实证理性的形式。

82.（C）思辨的阶段，或者说是实证理性的阶段，它在术语（即命题）之间的对立当中来领会术语（命题）的统一性——也就是领会在术语（命题）的解体和过渡之所包含的肯定。

（1）辩证法的结果是实证的，因为它拥有一个确定的内容，或者是因为它的结果并不是空虚而又抽象的虚无，而是对包含在结果中的某些特定的命题的否定，——而其根本的原因就是，它是一个作为结果而产生的虚无，而不是一个直接的虚无。（2）由此可见，其“合乎情理的”结果尽管只是一个思想而且又是抽象的，但仍然是一个具体的概念，因为它不是一种朴素的形式上的统一，而是明确的命题的统一。因而单纯的抽象概念或者形式上的思想，也就与哲学无涉，哲学所须处理的，只是具体的思想。（3）单纯的知性的逻辑，它被包含在思辨逻辑之中，并且能够通过省略那个辨证的和

“合乎情理的”成分这个简单的过程，把它从思辨逻辑中任意推导出来。在做到这一点的时候，它就变成了普通的逻辑学，是各种各样的思维形式和规则的一种描述性的聚集，那些思维形式和规则尽管是有限的，却又被看做是某种无限的事物。

附释：

如果我们只考虑真正的理性世界的内容，而不是它是怎样拥有它的内容的，那么由于真正的理性世界远非哲学所特有的财产，因而它也就是每一个人在任何层次的文化或者精神成长上所代表的那种权利，而这又会证明，人在古代被称为理性的存在是有道理的。经验通过公认的、未经缜密推断分析的信念，使我们第一次意识到事物的合乎情理的秩序，这是普遍的模式；而前面已经指出（参见第45小节），理性事物的性质应该是不受制约的，因而也应该是不受外界影响的，有自决力的。在这个意义上，当人对上帝有所了解，知道上帝完全是自决的时候，那么在一切事物之中，人也就尤其意识到那个合乎情理的秩序。同样，一个公民对他的国家及其法律所拥有的意识，只要他把它们看作不受制约的并且同样是普遍的力量，他的个人意志必须服从它们，那么那种意识就是理性世界的一种意识。而且在相同的意义上，当孩子知道他的父母的意志，并且以父母的意志为意志的时候，孩子的知识和意志就是理性的。

现在要把这些理性（当然是实证的理性）的实在变成思辨的原则，所需要做的唯一的事情就是，它们应该是思维。在日常生活中，“思辨”一词的使用，往往带有一种非常模糊同时又是次要的意义，在谈到婚姻投机或者商业投机的时候就是如此。[①] 我们用这个词只表示两个

① 在英语中，“思辨”与“投机”是同一个词，“speculation”。

意思：首先，它指直接供使用的事物须被超越，留在后面，其次，这种思辩的内容尽管起初只是主观的，但却不可一直主观下去，而是必须变为现实或者转化为客观性。

前面有关理念所说的话，可以应用在对“思辨”这个术语的这种普通使用上。我们还可以再说，那些自诩位列有教养的人之中的人，当他们在谈到思辨的时候，甚至明显把它当做是某种纯粹主观的事物。这些人说，有关自然界或者精神的某些条件和环境的某种理论，作为一种思辨的事物可能是非常好和正确的，但它却与经验相矛盾，而且这种事物在现实中无论如何也不可能被接受。对此的回答就是，思辨的真理，就其真正的意义而言，既非初步地亦非确定地仅是主观的，而是显明地包括了并扬弃了知性所坚持的主观与客观的对立，并因此证明其自身是完整、具体的真理。因而一种片面的命题，也就甚至永远不能表达出一种思辨的真理。例如，如果我们说，绝对就是主观与客观的统一，那么我们毫无疑问就是正确的，但又是非常片面的，因为我们只是阐述了这种统一并强调了这种统一，却忘记了，实际上，主观与客观并非只是同一的，而且也是明显不同的。

还应特别指出，尤其在与宗教经验相联系的时候，思辨真理的意义在很大程度上与以前的所谓神秘主义相同。一般说来，在当前神秘主义这个术语是用来表示神秘的和不可理解的事物；由于人们的一般文化和思维方式存在有差异，这个表述词语也就相应地被一个阶层的人用来表示真正的和真实的事物，而被另外一个阶层的人用来称呼与迷信和欺骗有关的一切事物。有关这一点，我们首先要说，在神秘的事物中有难解之谜，然而只有对被抽象的同一性所支配的知性而言才是如此；而神秘的事物，既然是思辨事物的同义词，也就是那些命题的具体统一，知性只是在它们的分离和对立中才接受这种统一。如果那些把神秘主义看作最高真理的人满足于把它留在其起初的完全神秘之中的话，那么他们的举止只是证明了，对于他们来说，以及对于反对他们的人来说，思维也意味着抽象的认同，因而在他们看来，真理只有通过对思维的摈弃才能赢得，或者正如被频繁表达出来的那样，只有通过导致理性被控制起来才能赢得。但我们已经看到，知性的抽象思考却远非是终极的或者稳定的，结果它表现出了一种要实现自身的消亡、并转化为自己的对立面的持久倾向。相反，合乎情理的状态恰恰是在于，在其自身之内包含了这些作为非实质的成分的对立物。这样一来，理性的世界同样可以称之为神秘的——然而这却并不是因为思维不能既接近它又理解它，而仅仅是因为，它位于知性的范围之外。

83. 逻辑学进一步被划分为三个部分：

1. 存在论。

2. 本质论。

3. 概念论和理念论。

也就是说，被进一步划分为思维理论：

1. 关于思维的直接性——自在的概念和潜在的概念。

2. 关于思维的反思性和间接性——自为存在和概念的假象。

3. 关于思维返回到自身，以及思维独立形成的持久不变性——自在自为的概念。

附释：

现在所作的对逻辑学的划分，以及前面对思维的性质所进行的整个讨论，都属于提前使用：因为对这种划分的解释，或者对这种划分的证明，只能够产生自对思维本身的详尽处理。因为在哲学中，证明就意味着要表明，主体是怎样依靠自身并从自身使得自身成为现在的样子。思维的这三种主要层次彼此之间的关系，或者说逻辑理念的这三种主要层次彼此之间的关系，必须被设想为如下。真理只能随着概念而来：或者更精确地说，概念是存在和本质的真理，而不论是存在还是本质，当在孤立中分别被主张出来的时候，都只能是不真实的，前者之所以不真实，是因为它具有排他的无中介性，后者之所以不真实，是因为它具有排他的中介性。人们可能会问，为什么要用虚假的事情开始，而不是立即用真实的事情开始呢？对此我们的回答就是，真理要配得上这个称呼，就必须证明它自身的真实性是可信的；而在这里，在逻辑学的领域之内，当概念证明自身是通过自身的中介作用和自身一起得出的，这样一来同时又是真正无中介的，那么也就证明了它的可信。在逻辑理念的三个阶段之间的这种关系，以一种真实而又具体的样式这样出现：上帝既然是真理，那么我们也就在上帝的真理中认识上帝；而只有我们同时承认，他所创造的世界、自然和有限的精神在与上帝有差异的时候是不真实的，我们才能认识到上帝是绝对精神。

第七章　逻辑学的第一个次范畴：存在论

84. 存在只是含蓄的概念：它的特殊形式拥有谓项“是”。当那些形式被区分开来的时候，它们当中的每一个都是“另一个”，而且辩证法在它们当中的具体表现，即它们的进一步的专门化，就是过渡到另外一个。这种进一步的限定，或者说是专门化，既是对隐含在存在之中概念的提出，又是对那个概念的摆脱；与此同时存在又向内退缩，更深地陷入自身之中。这样一来，对位于存在的领域中的概念的阐述也就做了两件事情：它显示出存在的整体，也取消了存在的无中介性，或者说取消了就其本身而论的存在的形式。

85. 除了一般逻辑上的那些特殊的次范畴之外，存在本身以及从存在推演出来的特殊的次范畴，也可以看做是绝对事物的定义，或者说是有关上帝的形而上学的定义：在每一个三种事物的组合中，起码第一个和第三个范畴可以看做是这种定义——在第一个范畴中，三种事物的组合的思维形式是简单地构想出来的，而第三个范畴则是从区分返回到一种简单的自我指认。这是因为，有关上帝的一种形而上学的定义，就是就其本身而论对上帝在思想中的性质的表达，而只要一切思想继续在思维形式之内，那么逻辑学就包含了一切思想。另一方面，在每一个三种事物的组合中，思维的层次就在于它的区分，而在每一个三种事物的组合中的第二个次范畴，就是有限事物的定义。对定义的形式所提出的异议就是，定义的形式必然包含着这些谓项可能固定在心目中的一个某物。这样一来，与其谓项（谓项实际上在思维中明确地表达了主体并没有表达的事物）相比，甚至绝对事物（尽管它旨在用思维的风格和性质来表现上帝）到目前为止也仍然是一种未发展完善的虚拟思想——谓项的那个不明确的主体还没有出现呢。在这里唯一具有重要性的那个思想只是被包含在谓项之中，因而命题的形式，就像该主体即绝对事物一样，也是一种单纯的多余之物（参照第 31 小节，以及下面论判断的章节）。

附释：

逻辑理念的三个领域的每一个，都显示自己是思维术语的一个系统的整体，是绝对事物的一个方面。就存在而言，它包含着质、量和尺度这三个层次。首先，质是那种与存在相认同的性质：它们是如此完全相同，结果一个事物如果失去了质，也就不再是那个事物。相反，量却是那种外在于存在的性质，根本就不会影响到存在。这样一来，比如说一幢房子，不论大小它都仍然是一幢房子，而且红色，不论深红还是浅红，都仍然是红色。存在的第三个层次，尺度，它是前两个层次的统一，是一种定性的量。一切事物都有它们的尺度，也就是说，都拥有它们的存在的数量上的条件，在某些限度之内它们不过如此或者如此伟大并无关紧要。但当这些限度被一种额外的多或者少超过的时候，事物也就不再是那些事物。随着尺度而来的，就是理念的第二个次范畴，本质。

这里所提到的存在的三种形式，恰恰因为它们是最初的形式，因而也就是最贫乏的形式，也就是最抽象的形式。直接的（感性）意识，就它同时包括了一种智力因素而论，也就尤其被限制在质和量的抽象范畴之内。按照一般的估价，感性意识是最具体的，因而也是最丰富的，但却只有在涉及材料时才是如此，而就它所包含的思想而论，它却确实是最贫乏的和最抽象的。

86.

质（Quality）

存在（Being）

纯粹的存在形成了开端，因为一方面它是纯粹的思维，另一方面它本身又是简单而又不确定的无中介性，而且最初的开端是不能由任何事物来起中介作用的，或者说是不能被进一步确定下来。

只要我们能够感知开端所自然拥有的言外之意，那么针对带有抽象的空虚存在的科学所可能提出的一切怀疑和告诫，也就会消失。把存在界定为“我即是我”，界定为“绝对无差别”，或者界定为同一性等等，是可能的。只要有必要或者是从绝对的确定性开始，也就是从自我确定性开始，或者是从有关绝对真理的一个定义或者直觉开始，那么这一种类的这些或者其他形式就可以被看作是最初的出发点。但这些形式中的每一个都包含着一种中介性，因而不可能是真正的最初开端：这是因为，一切中介性都包含着由第一进展到第二，包含着从某个不同的事物出发。如果“我即是我”，或者甚至智力上的直觉，确实被看作是仅仅意味着最初的开端，那么它们在这个单纯的中介性中便与存在认同了，而反过来，纯粹的存在如果不再是抽象的，而是在其中包含了中介性，也就成为纯粹的思维或者直觉。

如果我们把存在阐明为绝对事物的一个谓项，那么我们也就获得了绝对事物的第一个定义。绝对事物就是存在。（在思维中）这是那个绝对地最初的定义，是最抽象、最精练的定义。它是由信奉爱利亚学派哲学的人所给予的定义，但同时也是有关上帝的那个著名定义，即上帝是一切实在的总合。简言之，它意味着，我们应该对在每一个实在之中的那个限制不予理会，这样上帝就一定是在一切实在中的真正的实在，是最高层次的真正的实在。或者说，如果我们摈弃包含着反思的实在的话，我们也就对同一个事物有了一种更直接的或者未经反思的陈述，比如当雅各比说斯宾诺莎的上帝是在一切存在中的存在的原理（principium）的时候，他就是在做这样的陈述。

附释：

（1）当就要开始思考的时候，我们只拥有最单纯的不确定的思维，这是因为，除非我们既有其一，又有其二，否则我们是不能作出决定的，然而在开始的时候，却尚且没有其二。我们在这里所拥有的那个不确定之物，就是我们开始时的那个空白，它不是抽象过程所达到的一种无特性状态，不是对一切性质的清除，而是那种最初的无特性状态，它先于一切确定的性质，是一切性质中的最初的那一个。我们把这称之为存在。它是不会被感觉到的，不会被感官感知到，也不会在想象中被描绘出来：它只是思维，也只不过是思维，而且它作为思维而形成了开始。本质也是不确定的，但却是在另外的意义上不确定，它已经越过了中介作用的过程，并含蓄地把它所吸收的那种限定包含在内。

（2）在哲学史中，逻辑理念的不同阶段呈现出了各个体系接替的形态，每一个体系的都以绝对事物的一个特殊的定义为基础。由于逻辑理念被看出是在一个从抽象到具体的过程中将自己逐渐呈现出来，所以在哲学史中最早的体系也就是最抽象的，并因而同时也是最贫乏的。哲学的早期体系与晚期体系的关系，也非常像逻辑理念的相应的阶段的关系一样，换句话说，早期的体系在晚期的体系中被保留下来了，但早期的体系又是居于从属的地位和被掩盖住了。这就是在哲学史中的一个被大量误解的现象的真正意义——一个体系被另外一个体系所反驳，一个早期的体系被一个晚期的体系所反驳。最常见的就是，这个反驳在一个纯粹否定的意义上被接受了，这意味着遭到反驳的体系不再具有价值，不被理会，不中用了。倘若是如此的话，那么哲学史就会是在所有的研究中的最令人悲伤的研究，它实际上是展现出了时间所带来的对每一种体系的反驳。现在，尽管可以承认每一种哲学都遭到了反驳，但每一种哲学也一定在相同的程度上被保持了下来，这样一来也就没有一种哲学遭到了反驳，不但如此，也没有一种哲学能够被反驳。这一点表现在两个方面。首先，每一种名副其实的哲学都总是体现着理念，其次，每一个体系都代表着在理念的演化中的一个特殊因素或者特殊阶段。因而，对一种哲学的反驳只是意味着，它的障碍被跨越了，它的特殊原则被缩小为在随后的一个更完整的原则中的一个因素。这样一来，就其真正的意义来说，哲学史所处理的，并不是一种过去，而是一种永恒的、名副其实的现在，并且就其结果来看，哲学史并不是像一个展示人类智力上的偏差的博物馆，而是像一个展示神像的万神殿。这些神像就是理念的各个阶段，因为这些神像是在辨证的发展中一个接一个地站了出来。哲学史家的责任就是要更精确地指出，他的主题的逐渐演变是在多大的程度上与纯粹的逻辑理念的辨证展现相一致，或者与之相背离。在这里提及下述也就足够了，即逻辑学开始于严格意义上的哲学史开始之处。哲学开始于爱利亚学派，尤其是巴门尼德。巴门尼德认为，绝对事物就是存在，他说，“唯‘有’在，‘无’不在。”这就是哲学的真正起点，哲学始终是思维获得的知识：而在这里，我们第一次发现，纯粹的思维被掌握了，成了它自身的一个对象。

人们确实是从开始就进行思考：（只是由于这个原因人们才与动物有别。）但在不得不过了几千年之后，他们才得以领悟纯粹的思维，并且在思维中看到了真正客观的事物。爱利亚学派以身为大胆的思想家而远近驰名。但这种有名无实的赞赏却往往伴随以这样的评论，即他们走得太远了，因为他们认为只有存在才是真实的，并且否认意识的每一个其他对象的真实性。确实，我们必须比单纯的存在走得更远一些，然而如果说我们的意识的其他内容在某种程度上好像是在存在之外，是在存在的旁边，或者说除了存在之外还有别的事物，那就荒诞了。真正的关系应该是这样：存在，既然是存在，也就绝非固定或者终极的东西，它服从于辩证法，渐渐进入其对立面之中，而它的对立面也立即被接受了，那个对立面就是无。毕竟，关键在于，存在是第一个纯粹的思维；不管你可以从什么别的事物开始，（比如从我即是我，绝对无差别，或者上帝自身开始，）你都是从一个具体化的概念的表象开始，而不是从思维的一个产物开始；而且就思维内容而言，这样的开始只不过是存在而已。

87. 然而这个单纯的存在，由于是单纯的抽象概念，因而也就是绝对的否定。直接地说来，这种绝对的否定恰恰就是无。

（1）由此也就衍生出了绝对事物的第二个定义：绝对事物就是无。事实上，这个定义被暗示在这种说法之中，即自在之物就是不确定之物，它完全没有形式，因而也就没有内容——或者被暗示在这种说法之中，即上帝只不过是那个至高无上者，仅此而已，因为这种说法实际上是宣告，上帝与上述的否定性相同。佛教徒把无当做一切事物的最终目的和目标，又当做一切事物的普遍原则，佛教徒的这个无就是相同的抽象概念。

（2）如果把在这种直接性中思维的对立表述为存在与无的对立，那么这种对立的虚无性所带来的震惊也就非常巨大，不能不刺激人们试图把存在固定下来，使它免于过渡到无。带着这个意图，反思甚至求助于这个计划，要为存在发现某个固定的谓项，以便把它与无区分开来。这样一来，我们也就发现，存在与在一切变化中所留存的事物相认同，与物质相认同，而且容易受到不计其数的限定的影响——甚至缺乏考虑地与一种单一的存在相认同，与感官或者精神的任何偶然的对象相认同。但每一个额外的和更加具体的特性描述，都使得存在失去它在一开始所拥有的那种完善和简单。它只是在这种单纯的普遍性之中，并且凭借着这种单纯的普遍性，它才是无，是某种难以言传的东西，它与无之间的区别是一种单纯的意图或者意义。

凡此所说，目的只在于使人意识到，这些开始的范畴只是些空虚的抽象概念，存在与无两者同样空虚。那种诱使我们要给存在附加上一种固定的含义的本能，或者要给存在和无二者都附加上一种固定的含义的本能，就是那种必然性本身，它导致了存在和无的前进的运动，并给予它们一种真正的或者具体的意义。这个进展，就是在随之而来的事情中所展现出来的思维的逻辑演绎和运动。那种为存在和无发现了一种更为深刻的内涵意义的反思，只不过是逻辑思维，这种内涵意义通过逻辑思维演化出来，然而却又不是以一种偶然的方式演化出来，而是以一种必然的方式演化出来的。因而，它们后来出现在其中的每一个意义，都只不过是绝对事物的一个更为精确的具体说明和更为真实的定义。在做到这一点的时候，单纯的抽象存在和无也就被一个具体概念所取代，单纯的抽象存在和无二者都是那个具体概念的有机部分。无的最高形式作为一个单独的原则，就将是自由：但在那个阶段中，当自由自我专注地陷入最高的强度，本身就是一种肯定，甚至是一种绝对的肯定的时候，自由却又是否定性。

附释：

首先，在存在与无之间的区别只不过是隐含的，尚未得到实际上的形成，它们二者只不过是应该区分开来。当然一种区别必然包含着两个事情，而且它们当中的一个拥有一种在另外一个当中找不到的属性。然而存在是属性的一种绝对不存在，因而也就是无。因而在这二者之间的区别，也就只是一种指谓上的区别；这是一种非常有名无实的区别，这种有名无实的区别同时又是没有区别。在区别的所有其他情况中，都有能够领悟这二者的某种共同点。比如说，假定我们谈到两个不同的物种，那么属也就形成了二者的一个共同领域。但在单纯的存在和无的情况中，区别却并没有一个可以立足的基础，因而也不能够有区别，因为那两个限定都同样是没有根据的。如果有人回答说，存在和无二者都是思想，因而思想可以被认为是共同的领域，那么这位持异议者也就忘记了，存在并不是一个特殊的或者确定的思想，由于它是非常不确定的，所以是一种不可与无相区分的思想。——我们也自然会把存在表现为绝对的富有，把无表现为绝对的贫穷。当我们观察整个世界的时候，我们只能说每一个事物都是存在的，仅此而已，但如果这样的话，那么我们也就是忽视一切特殊性，而且我们所拥有的并不是绝对的丰富，而是绝对的空无。同样的非难可以应用在那些把上帝定义为单纯的存在的人身上。那是一种一点也没有胜过佛教徒所作的定义的定义，佛教徒把神定义为无，他们又从这个原则出发得出了进一步的结论，认为自我毁灭是人变成神所采用的手段。

88. 如果说这样一来无也就具有了直接性，并等同于它自身，那么从另一方面来看，无也就与存在相同。因此，存在的真理和无的真理也就是二者的统一，这种统一就是转化。

（1）认为存在和无是相同的这个命题，对于想象力或者知性来说是非常的似是而非，结果也许被当成了玩笑。确实，这是思维期待自己所做的最困难的事情之一，因为存在和无在其一切的直接性上展现出了最根本的对照——也就是说，一个术语并没有被赋予会包含着它与另外一个术语的联系的任何属性。然而正如上面的那个段落所指出的，这种属性是隐含在它们之中的——这就是在二者当中恰恰相同的那种属性。到目前为止，对它们的统一性的演绎完全是分析的演绎：确实，在每一个情况中的哲理推究的整个进展，如果是有条理的进展，即必然的进展的话，那么它也就只不过是使得隐含在概念中的事物明晰起来。——然而如果为了维护它们的统一性，而说存在和无是完全不同的，那也同样正确。此并非彼。但既然现在区别还没有呈现出明确的形态，（存在和无二者仍然是直觉的，）那么就它们拥有区别的方式而言，区别就是某种无法言传的东西，只是指谓上的区别。

（2）用不着花费巨大的智力，即可取笑认为存在与无相同这一基本原理，或者更确切地说，即可把那些荒谬之处举证出来，人们错误地断言，那些荒谬之处就是这个基本原理所产生的后果和实例。

持异议者说，如果存在和无是同一的，那么我的房子、我的财产、我所呼吸的空气、这个城市、太阳、法律、精神、上帝是否存在，也就没有区别。在一些这种情况中，持异议者硬塞上一种私人的目的，也就是硬塞上一个事物对我的功利作用，然后问道，该事物存在与否对我来说是否完全是一回事。确实，就此而言，哲学的教导也就恰恰使人摆脱了无穷无尽、纷纷攘攘的有限的目的和意图，那就是使人在极大的程度上没有意识到它们，结果它们的存在或者非存在对他来说成为一件无关紧要的事情。但永远也不可忘记的就是，一旦提到某个实质性的东西，你就会创造出一种与别的存在和别的目的的联系，据推测（ex hypothesi），那些别的存在和别的目的是值得拥有的，而且按照这样的推测，一个确定的主体的存在和非存在究竟是否同一回事，也就视情况而定了。在这些情况中，有一个实质性的区别被秘而不宣地用来替代存在与无的那种空虚的区别。在提到的另外的情况中，被归于存在或者非存在的这个单纯的范畴之内的，正是实际上的绝对存在和极其重要的理念和目的。但有关这些具体的对象，除了它们仅仅是存在或者不存在之外，还有些话应该说出。像存在与无这样贫瘠的抽象概念，由于是最初的范畴，因而也就是在任何地方所能发现的最贫乏的抽象概念，而对于这些对象的性质来说，这些抽象概念完全是不够格的。实质性的真理远远高于这些抽象概念以及它们的对立面。——而且当一个具体的存在在存在和非存在的名义下被掩盖起来的时候，无知的状态也就总是会犯下它常犯的错误，那就是谈到的并不是考虑中的事情，脑海中所拥有的形象也不是考虑中的事情的形象：而且这里的问题，就是有关抽象的存在和无的问题。

（3）也许谁也不能够对存在和无的统一形成一个概念。有关这一点，统一的概念已经在前面几节里阐明了，此外并无别的可说了：你领悟了这一点，你也就理解了这种统一。持异议者所说的理解和概念的真正意思，超出了他的语言所真正包含的内容：他想有一个更为丰富、更为复杂的心态，有一个形象化的构想，它将把概念当做一个具体的情况来考虑，当做更为思维的一般活动所熟悉的情况来考虑。如果难以领悟只是意味着，还没有习惯于作出所需要的努力，以掌握一个完全没有感官方面的混合物的抽象的思想，并领悟思辨的真理，那么只需说，哲学知识在种类上毫无疑问是有别于在普通生活中最著名的知识模式，也有别于在别的科学中占支配地位的知识模式，就可解答明了。但如果没有拥有概念只是意味着，我们在想象中不能够表现存在与无的同一性，那么这个说法也就远非真实，这是因为每一个人都有无数方式可以设想这种统一。说我们没有这样的构想，只能意味着，在这些意象里我们都没有认出那个考虑中的概念，我们也没有意识到，那些意象是概念的例证，最现成的例子就是转化。每一个人都对转化有一个精神上的理念，甚至承认它是主要的理念。他将进一步承认，当转化得到分析的时候，它就包含了存在的属性，还包含了存在的对立面的属性，也就是无的属性，而且这两种属性是未分开地位于那一个理念之中，这样一来，转化也就是存在和无的统一。另外一个过得去的简单例子，就是“开始”这个术语。在事物开始的时候，事物尚没有存在，但它却并非仅仅是无，因为它的存在已经在开始之中了。开始本身就是一个转化的情况，只不过开始这个术语在被运用的时候，着眼于进一步的进展。倘若我们要使逻辑学适用于种种科学的更通常的方法，我们就可以从把一个开始展现为抽象的思维出发，或者从就其本身而论的开始出发，然后再分析这个展现。也许人们会更欣然承认，由于这种分析，存在和无也就把自己呈现为在统一中并没有分开。

（4）还有一点须注意，像“存在与无相同”或者“存在和无的统一”这样的说法，就像所有别的这种统一，例如主体与对象的统一等等一样，都导致了合理的异议。它们歪曲了事实，那就是排他地把统一置于显著位置，而让毫无疑问存在于其中的差异（例如，因为那是其统一性得到了断言的存在与无，所以有差异），并没有得到任何特别的提及或者注意。因而也就似乎，多样性被不适当地没有受到重视，遭到了忽视。事实是，没有一个思辨原则能够被这样的命题形式正确地表达出来，因为统一性须在多样性中被构想出来，而多样性又始终是存在的和显然可见的。“转化”是对“存在”和“不存在”所带来的结果的真实表现；它是这二者的统一。但它却不仅是统一，还是那种固有的不安宁——统一决非仅仅是自我关联并因而没有运动，而是通过在自身的存在和无的多样性，在自身之内发生激烈冲突。另一方面，确定的存在就是一种统一，或者说是以统一的这种形式所进行的转化。因而一切“定在”都是片面的和有限的。在这两个因素之间的对立似乎消失了，它只是被隐含在统一之中，而不是被明晰地置于其中。

（5）转化的基本原理，也就是存在是向无的过渡，无是向存在的过渡这一基本原理，遭到了泛神论的基本原理的质疑，泛神论就是有关物质的永恒性的学说，其基本原理就是无中生无，有中生有。古人朴素地看出，“无中生无，有中生有”这个基本原理实际上是取消了转化，因为产生出来的事物和变成的事物是同一个事物。在作出这样的解释的时候，命题也就是被知性所认可的那种抽象同一性的基本原理。因而不免显得奇怪的是，我们现今听见像“无中生无，有中生有”这样的基本原理被平静地讲授出来，而讲授的教师一点也没有意识到，“无中生无，有中生有”是泛神论的基础，甚至也不知道，有关这一点古人已经把该说的话都说完了。

附释：

转化是第一个具体的思想，因而也就是第一个概念，而存在与无则是空虚的抽象概念。因而，我们有时谈到的存在的概念，也就一定指的是转化；它既不是指无，也不是指作为空虚的无的那个单纯的存在点。这样一来，我们也就在存在中拥有了无，在无中拥有了存在：但这个并没有在无中失去自我的存在，就是转化。在我们强调转化的统一性的时候，我们也不可忘记那种区别，因为没有那种区别，我们就会再次返回到抽象的存在。转化仅仅是按照其真理性所设定的存在的明晰表现。

我们经常听到有人断言，思维与存在相对立。面对着这样一种说法，我们的第一个问题应该是，存在是什么意思。如果我们按照反思给存在下的定义来理解存在，那么有关存在我们只能说，存在是完全同一而又肯定之物。如果我们接着看待思维，我们就不能不想到，思维也起码是绝对与自身同一的事物。因而存在以及思维，它们都拥有同样的属性。然而，存在和思维的这种同一性，却不可在具体的意义上来接受，否则就好像我们可以说，一块石头，只要它拥有存在，它就与一个进行思考的人相同。就其本身而论，一个具体的事物总是与抽象的范畴非常不同。而就存在而言，我们并不是在谈到具体的事物：因为存在是完全抽象的事物。这样一来，到目前为止有关上帝的存在——那是一种本身就极度具体的存在——的问题，也就无关轻重了。

作为第一个具体的思维术语，转化是真理的第一个胜任的媒介。在哲学史中，逻辑理念的这个阶段在赫拉克利特的体系中找到了它的相似物。当赫拉克利特说"一切都是流动（希腊语）"的时候，他便把转化阐明为一切存在的基本特征，而正如前面已经所说，爱利亚学派则认为，存在、僵硬而又没有过程的存在才是唯一的真理。针对爱利亚学派的原则，赫拉克利特继续说："不再是存在要多于非存在（希腊语）。"这句话表达了抽象存在的否定性以及抽象存在与非存在的同一性，这一点在转化中是明晰的：这两个抽象概念同样都是站不住脚的。这可以看作是一个体系实际上遭到另外一个体系反驳的例子。要反驳一种哲学，就是要展现出在其原则上的辨证的运动，并从而把这个原则缩小为理念的更高的具体形式的一个构成部分。然而，甚至以其自身为根据处于最佳状态的转化，也是一个极其疲乏的术语，它需要在意义的深度上和分量上成长。这种得到深化的力量，我们在生命中找到了。生命就是一种转化，但这却并不足以说出生命的概念的一切。一种甚至更高的形式在精神中被找到了。这里也是转化，但却比单纯的逻辑上的转化更丰富，也更强烈。种种成分的统一构成了精神，这些成分不是存在和无的单纯抽象概念，而是逻辑理念和自然的体系。

(b) 定在 (Being Determinate)

89. 在转化中，与无为一的存在，以及与存在为一的无，都只不过是正在消失的因素，它们既存在又不存在。这样一来，转化由于其固有的矛盾，而陷入这两个成分被并入的那种统一之中。由此所得的结果就是定在（或限有）。

在这第一个例子里，我们必须记住在第 82 小节及其附释中所说的话。要获得在知识上的任何成长和进步，唯一的方式就是要坚持结果的真理性。那种我们不能也不必指明它所拥有的矛盾或者对立属性的事物，根本就没有。因而知性的抽象作用，也就意味着强烈坚持一个单一的方面，而且竭力抹杀并排斥其中所包含的另外一个属性的意识。这样一来，每当这种矛盾在任何对象或者概念中被发现的时候，通常的推论就是无，因而这个对象也就是无。第一个指出了运动所固有的矛盾的芝诺①，就得出了没有运动这一结论。古

① 芝诺（Zeno of Elia，爱利亚的芝诺，公元前 490—公元前 430），古希腊哲学家，爱利亚学派的代表人物，维护巴门尼德关于“存在”是不动的“一”的学说，提出否认运动的“两分法”、“阿基里与龟”、“飞矢不动”等悖论。

人看出，作为转化的两个种类的生与灭，是非真实的范畴，因而便这样说，“一”或者“绝对”既不产生也不消亡。这样一种风格的辩证法只看到其结果的消极的方面，而没有看到那个同时又确实存在的事物，也就是那个确定的结果，在这里那是一个纯粹的无，但又是一个包括了“存在”的“无”，而且同样还是一个包括了“无”的“存在”。因而定在就是，（1）存在与无的统一，在这个统一中，我们摆脱了在这些限定中的直接性，而且它们的矛盾在它们的相互联系中消失了——在这个统一中，它们只是构成成分。（2）既然这个结果是矛盾的取消，它也就采用了与自身的简单统一的形态，也就是说，这个结果也是存在，但又是带有否定性或者确定性的存在：它是以它的一个成分的形式被明确表达出来的转化，也就是以存在的形式被表达出来的转化。

附释：

即使我们有关转化的一般概念也暗示，某物从中产生出来了，因而转化也就有了一个结果。但这个概念又导致了这个问题，转化何以并不仅仅是转化，而是有了结果呢？从转化所表现出来的它自身的性质中，就出现了对这个问题的回答。转化始终是以这样的方式包含着存在与无，结果这二者就总是互相转换，又相互取消。这样一来，转化也就完全是不安地站在我们面前——然而却又不能在这种抽象的不安中使自己继续存在下去：既然存在与无在转化中消失（转化的概念恰恰在于此），所以转化也一定消失。转化可以说是一团火，当它耗尽自己的燃料的时候，也就自行熄灭了。然而这个过程的结果却并不是一个空虚的无，而是与这个否定相认同的存在——我们所称之为的定在（彼处彼时的存在）：显而易见，它的主要含义就是它转化了。

90.（A）定在是带有一种特性或者状态的存在——它纯粹是存在

着，而这种无中介的特性就是质。由于定在的特性或者状态在质里面得到了反映而进入定在自身，所以定在也就是一种某物，是一种实有的事物。通过对定在的更仔细的分析而产生出来的范畴，只需要简略提及。

附释：

质可以被描述为那种直接而又与存在相认同的确定的状态——它与量（下面将谈到）有别，量虽然也是存在的一种状态，但却不再与存在直接相认同，而是一种对存在无动于衷、外在于存在的状态。某物之所以是某物，是取决于它的性质，丧失了它的性质，它也就不再是它自己。除此之外，质完全是一种仅仅有关有限之物的范畴，而由于这个原因，它也就在自然界中有了其恰当的位置，而不是在精神的世界中有其恰当的位置。这样一来，例如在自然界中，被称作基本元素的物质，如氧气、氮气等等，也就应该被看作现存的性质。但在精神领域，质只是以一种从属的方式出现，而不是好像它的定性能力能够详尽无遗地表现出精神的任何特定的方面。例如，主观的精神形成了心理学的对象，如果我们考虑主观的精神的话，我们就可以把所谓的（道德上和精神上的）性格，用逻辑学语言描述为与质所认同。然而这却并不是说，像刚才所说的诸元素在自然界中那样，性格是存在的这样一种状态，它弥漫于灵魂之中，并且直接与灵魂相认同。然而就其本身而论，甚至在精神里，质的一个更为明显的表现也见于痴迷的或者病态的健康状况之中，尤其是在充满激情的状态，当激情上升到精神错乱的时候，质的表现就尤为明显。一个精神错乱的人的心态，由于是大量的嫉妒、恐惧等等，也就可以被适当地描述为质。

91. 既然质是存在着的确定性，与被包含在它之内又有别于它的否定形成对照，因而质也就是实在。否定不再是一种抽象的无，由于它是一种定在和某物，因而也就仅是在这种存在上的一种形式——另一性。这种另一性尽管是质本身的一种限定，却又是首先有别于质，既然如此，质也就成了为他物的存在——是单纯的定在点的一种扩展，或者说是某物的一种扩展。就其本身而论的质的存在，在与对某个他物的这种联系形成对照的时候，就是自在存在。

附释：

一切确定性的基础都是否定（也就是斯宾诺莎所说的 Omnis determinatio est negatio）。不作反思的观察者以为，确定的事物只不过是肯定的事物，并把它们限定在存在的形式之下。然而单纯的存在并不是事情的结束——正如我们已经看到的，它还是完全的空虚和不稳定。虽然如此，但当抽象的存在以这样的方式与得到更改和确定的存在混淆起来的时候，它就暗示着对下述事实的某种感知，即尽管在确定的存在中包含着一种否定的成分，但这个成分一开始却可以说是被隐藏了起来，而只是在自为存在中才变得引人注目，得到应有的评价。——如果我们进一步把定在看作一种存在着的确定性，那么我们以这种方式也就获得所谓的实在。例如，当我们谈到一个计划或者目的是实在的时候，我们的意思就是，它们不再是内在的和主观的，而是过渡到了彼处彼时的存在。在同样的意义上，身体可以被称之为灵魂的实在，法律是自由的实在，世界完全是神圣理念的实在。然而“实在”一词又被用在另外一个公认的意义上，指的是某个事物的举动与其本质上的特性或者概念相一致。例如，我们使用这样的措辞：这是一个真正的职业，这是一个真正的人。在这里，这个术语并不仅仅意味着外表的和直接的存在，而是意味着有某个存在与其概念相一致。还可以补充说，在这个意义上，实在并不有别于我们将首先认识到的那种以自为存在的形态出现的理想事物。

92.（B）如果存在就像在自在存在（含蓄的存在）的情况那样，

有别于并脱离它的确定的状态，那么存在就只能是存在的空虚的抽象概念。在存在（彼处彼时的限定）中，确定性与存在是同一回事。然而与此同时，当确定性同时又含蓄地成为一种否定的时候，它又是一种限度，一种障碍。因而另一物并不是对存在无动于衷和存在之外的某种东西，而是存在特有的一种功能。某物由于它自身的质，而首先是有限的，其次是可以改变的，这样一来有限性和可变性便与其存在有关联。

附释：

在彼处彼时的存在中，否定仍然是与存在直接同一的，而这个否定就是我们所称的一种限度（界限）。一个事物之所以是那个事物，只能是在于它的限度和由于它的限度的原因。因而我们也就不能把限度看作仅仅是外在于彼处彼时的存在。相反，限度贯穿于这种存在的整体。之所以产生把限度仅仅看作彼处彼时的存在的一种外部特性这种看法，是由于把量的限度与质的限度混淆了。在这里，我们所谈到的主要是质的限度。例如，如果我们观察一块地，一块三英亩大的地，那么这就是它的量的限度。但除此之外，可能的情况是，那块地是一块草地，不是一片树林或者一个池塘。这就是它的质的限度。人如果想达到现实存在的话，他就必须存在于彼处彼时，而为了达到这个目的，他就必须为自己定下一个限度。那些对有限之物过于挑剔的人，永远也不能达到现实存在，而是迷惘于抽象之中，他们的光也就逐渐消失了。

如果我们更仔细地看一个限度的含义，就会看到，限度本身就包含着一个矛盾，而这样一来也就显示出了限度的辨证性质。一方面，限度构成了一个事物的实在性，而另一方面，限度又是它的否定。然而，作为某物的否定的限度，却并不是一个抽象的无，而是一个存在着的无——我们所称之为的一个“对立面”。如果某物被提供出来，那么一个对立面就开始出现在我们面前：我们知道，不仅有某物，而且还有一个对立的事物。而且这个对立的事物也并不是具有这样的性质，以至于我们能够认为它是在自身之外的某物：它是一个含蓄地成为自身的对立面的某物，而且那个某物看到，它的限度在对立面身上成为了它的对象。如果我们寻找在某物和另一物之间的区别，就会发现原来它们是相同的，这种相同在拉丁语中的表达，是把这一对事物称之为“此”与“彼”。与某物相对立的对立面，本身就是一种某物，因而我们会说有某个他物，或者有某个别的事物；因而另一方面，当第一个某物与对立的事物相对立，也被界定为某物的时候，这第一个某物本身就是一个对立的事物。当我们说“某个别的事物”的时候，我们的第一印象就是，被单独对待的某物只是某物，而成为对立面的那种性质，则只是从种种所考虑的事情之外附着在它的身上。这样一来我们也就认为，月亮由于是不同于太阳的某个他物，也就大有可能没有太阳也会存在。但实际上，月亮既然是某物，那么本身就含蓄地拥有了与它对立的事物：柏拉图说，神用“一”与“对立面”（希腊语）的性质创造了世界：神把两者带到一起之后，便据以造成第三种东西，这第三种东西便具有“一”与“对立面”的性质。柏拉图的这些话已一般地道出了有限之物的性质了。有限之物既然是某物，也就没有达到对立面的性质的要求，好像它并不与对立面相契合；但由于有限之物又含蓄地存在于自身的对立面之中，有限之物也就经历了改变。这样一来，改变就展现出了那种固有的矛盾，那种矛盾最初是附着在定在之上的，又迫使定在走出自己的限制之外。对具体化的概念来说，存在是以某种完全肯定的事物的性质出现的，而且静静地停留在其自身的限度之内，尽管我们也知道，确实每一个有限的事物（例如存在），都受到改变的支配。在浅薄的眼力看来，这种可变性只不过是一种可能性，它的实现并不是其自身的性质所带来的后果。但事实上，易变性是位于存在的概念之中，而改变只不过是存在的潜在本性的表现罢了。有生必有死，这纯粹是因为生命本身即包含有死亡的种子。

93. 某物变成一个对立物：这个对立物本身就是某物，因而它同样变成一个对立物，以至无限。

94. 这种无限，是不适当的无限或者说是否定的无限：它只是一个有限之物的否定，但那个有限之物却又总是一如既往同样再次出现，从来也没有被摆脱掉，也没有被扬弃。换句话说，这种无限只是表现出，有限之物应该被扬弃。这种走向无限的进展，只是停留在说出被包含在有限之物之中的那种矛盾，即有限之物既是某个他物，又是某物。这个走向无限的进展，就是互相转化的某物和他物在重复着进行无穷无尽的交替。

附释：

如果我们让定在的两个成分，某物和他物，分离开来，那么其结果就是，某物成了对立面，这个对立面本身就是一个某物，而就其本身而论，它又同样起着变化，以至无限。在浅薄的反思看来，这个结果似乎非常壮观，也许是最为壮观。但向无限的这样一种进展，却并非真正的无限。真正的无限毋宁是在对立面中即是在自身之中；或者说如果被阐述为一种过程的话，那么真正的无限就在于在对立面中返回到自己。这在很大的程度上取决于正确地领悟无限的概念，而不是决定不再出现无穷无尽的进展那种不适当的无限。例如，当时间和空间被说成是无限的时候，那就是我们的思想第一次全神贯注于那种无限的进展。我们说，“现在，这一次”，然后我们便持续地在这个限度之外前进和后退。空间的情况也是如此，对于具有教诲天才的天文学家来说，空间的无限形成了无实际内容的宏论的主题。我们通常被告知，在试图思忖这样一种无限的时候，我们的思维必须穷尽到极至。确实，我们必须放弃这种无休止的思忖，然而却并不是因为思忖太崇高了，而是因为它太乏味了。在对这种无限进展的思忖中进行详述是乏味的，因为这同样的事情正在不断地再次发生。我们设置一个限度，然后我们走过这个限度，接着我们又再次拥有一个限度，永远继续下去。这一切都只不过是肤浅的改变，它永远也没有超过有限的领域。假如以为大步走出来，又踏进那种无限，我们便可以把自己从有限之物中解放出来，那么事实上这只不过是从逃遁中寻求解放。但逃遁的人还不是自由的人：在逃遁中，他仍然受到他所要逃避之物的制约。如果也可以说，无限之物是不可获得的，那么这个说法是正确的，但却只是因为在无限的理念上附着有那种纯粹和完全是否定的情况。哲学与这种空虚的、想象中的世界的东西毫无关系。哲学所须处理的，永远是某种具体的、并在最高意义上是当前的事物。

毫无疑问，哲学有时也被分派了任务，要为下面的问题找到答案，也就是无限之物何以决定从自身当中产生。这个问题实际上是建立在这个臆断上，即在有限与无限之间有一种严格的对立。这个问题可以这样来回答：那个对立是虚假的，就事实而言，无限之物是无休止地从自身出发，但却并没有走出自身之外。如果我们进一步说，无限之物就是非有限之物，那么就事实而言我们就可算是真正道出真理了，因为既然有限之物本身就是第一个否定，那么非无限之物就是那个否定的否定，那是一种与自身相认同的否定，因而同时也是一种真正的肯定。

这里所讨论的反思的无限，只是要达到真正的无限的一种尝试，真正的无限是一种不幸的既非此物又非彼物。一般说来，这是一种近来在德国得到强调的观点。这个理论告诉我们，有限之物应该被理解掌握，无限之物不仅应该是一种否定，而且也应该是一种肯定。这个“应该”暴露出了一种无能为力，那就是实际上没有能力把一种同时被承认是正确的断言予以证实。就道德体系而言，康德的体系和费希特的体系都从未超越这个阶段。这种方法能把我们带到的最远的地方，只是那种认为能够不断接近于理性法则的假定：那种假定被当成了对灵魂不朽的一种论据。

95.（C）就事实而言，摆在我们面前的就是，某物结果成了一个他物，而那个他物最后一般又成了另外一个他物。这样一来，某物由于在本质上与另外一个事物有关，因而实际上成了一个针对另外一个事物的他物。既然过渡所达到之物与过渡之物完全相同，既然二者都有同一个属性，也就是成为一个他物，因而某物在过渡到他物的时候，也就只不过是与自身结合在一起。在过渡中这样与自身相联系，并且在他物中与自身相联系，就是真正的无限。或者从否定方面来看，被改变的是他物，它成了他物的他物。这样一来，存在被再次恢复了，但却是作为否定的否定被恢复的：它现在成了自为存在。

二元论在把一种不可逾越的对立置于有限与无限之间的时候，没有能注意到这个简单的情况，即无限之物由此也就只是双方之一方，并被缩小为一个特殊事例，有限之物则形成了这个特殊事例的另外一个特殊事例。这样的无限之物只是一个特殊事例，它与那个为它制造了一个限度和障碍的有限之物相毗邻：它并不是它应该成为的事物，也就是无限之物，而只是有限的。在这种情况下，当有限之物是在这一面，而无限之物是在那一面——今世是有限之物而来世是无限之物的时候，永久性和独立性的一种同样的尊严也就归属于有限和无限。有限之物的存在被当成了一个绝对的存在，并通过这种二元论获得了独立和稳定。可以说，如果无限之物接触到有限之物，有限之物就会被消灭。但有限之物却不可被无限之物接触。在这二者之间一定有一个深渊，有一个不可逾越的鸿沟，无限之物停留在远处的一边，有限之物则固定不动地在这一边。那些把这种相对于无限之物而言的不可改变的持续性归属于有限之物的人，并非像他们所想象的那样是远远地高于形而上学：他们仍然是在知性的最一般的形而上学的层次上。这是因为同一件事情在这里发生，就像在无限的进程中发生一样。有时人们承认，有限之物并没有独立的现实性，没有绝对的存在，没有其自身的根和发展，而只是一个转瞬即逝之物。但下一个时刻这一点又被立即忘却；有限之物被当成无限之物的单纯的对应物，完全与无限之物分离开来，获得拯救而免于毁灭，而这个有限之物就被设想为坚持其独立。在思维因而想象自己被抬到了无限之物的高度的时候，它又遭遇到了截然相反的命运：它结果成为一种只是一种有限之物的无限之物，而它所遗留下来的那个有限之物，则始终被保留了下来，被当成一种绝对事物。

这个检查（完全可以把柏拉图的《菲利布篇》与这个检查进行比较）有助于表明，知性在有限之物和无限之物之间所作的区别是没有价值的。在做了这个检查之后，我们也就可能不知不觉这样说，无限之物与有限之物因而也就成为一个事物；而且那个真正的无限之物，也就是真理，也必须被界定和阐述为有限与无限的统一。这样一种说法在某种程度上会是正确的，但却就像已经注意到的存在与无的统一一样容易引起误解和错误。除此之外，它还可能被非常公正地指责为把无限之物有限化，把有限之物无限化。这是因为就这个说法本身而言，有限之物似乎被保留在原地——并没有明确说它要被同化。或者说，当有限之物与无限之物相认同的时候，有限之物当然仍然是在这种统一之外的样子，而且起码在其特性上有所改变，（就像碱一样，当碱与酸混合的时候，也就丧失它的一些特性，）如果我们考虑到这一点的话，那么我们就必须看到，同样的命运也将降临在无限之物的身上，无限之物作为否定，将就其自身而言，好像同样是在对立面的身上失去自己的优势了。而且实际上，这一点确实发生在知性的抽象的片面无限上。然而，真正的无限却又并非仅仅处于那个片面的酸的状况，因而也就并没有失去自我。否定之否定并不是一种中和作用：无限之物是肯定之物，被同化的只是有限之物。

自为存在包含着理想性的范畴。最初从其存在或者肯定的方面来理解的彼处彼时的存在，是具有实在性的（参见第91小节），而这样一来，甚至有限性最初也是在实在性的范畴之中。但确切地说，有限之物的真理却是在于它的理想性。同样，知性的无限是与有限之物相协调的，知性的无限本身只是两个有限之物之一，决非全部真理，而是一种非实体的成分。有限之物的这种理想性，是哲学的主要基本原理，而正是由于这个原因，每一种真正的哲学都是唯心主义。但就其被赋予特性的条件本身来说，每一个事物的根基，却并不是把同时被当成一个特殊而又有限的事例看作无限之物。因此，我们在这个区别上给予了更大的关注。哲学的基本概念，真正的无限之物，也就依赖于此。这个区别，被本节第一段落中所包含的反思给解释清楚了，那些反思是简单的，由于简单而又似乎无足轻重，但却又是无可争议的。

（c）自为存在（Being - for - itself）

96.（A）自为存在，在指自身的时候，是直接性，而在指对自身的否定的时候，则是一种依靠自力生存之物，也就是“一”。“一”这个最小整数，由于在自身之内没有区分，也就把他物排除在自身之外。

附释:

自为就是成为“一”,自为就是完整的质,而且作为完整的质,自为包含了抽象的存在以及被改造成非实体性的成分的存在。作为简单的存在,“一”就是简单的自指,作为被改造了存在,“一”就是限定。但在这里,这种限定却并非一种有限的限定——并非一种有别于他物的某物,而是无限的,因为它包含着在自身中被同化和取消的区别。

自为存在的最现成的例子,见于“我”。我们知道,我们自己是生存者,首先就有别于其他的生存者,此外还带有某些关系。但我们也逐渐知道,(在这些关系中的)存在的扩展,在某种程度上又可以说是缩小为在自为存在的简单形式中的一个点。当我们说“我”的时候,我们表达出了那种无限的,同时又是否定的自指。可以说,人通过知道自己是“我”,而有别于动物世界,并且以这种方式而完全有别于自然界。这就等于说,自然的事物从未获得一种自由的自为存在,而是由于被限制在彼处彼时的存在之内,所以始终是为他物的存在,而且也只是为他物的存在。——再则,自为存在可以被描述为理想性,正如彼处彼时的存在被描述为实在性一样。据说除了实在性之外,还有一种理想性。这样一来,这两种范畴也就平等了,相对应了。严格地说来,理想性并不是在实在性之外并在实在性之旁的某物,理想性的概念恰恰在于它是实在性的真理。这就是说,当实在性被明晰地表达为含蓄的实在性的时候,它就立即被看作理想性。这样一来,当你承认实在性根本就不在一切事物之中,而是理想性必须在一切事物之外被认出的时候,理想性也就没有获得恰当的估价。这样一种理想性,由于是外在于实在性,或者甚至超越了实在性,也就比一个空名好不到哪里去。只有在它是某物的理想性的时候,理想性才具有意义。但这个某物又并非仅仅是不确定的这个或者那个,而是以实在性为特性的存在,这种实在性如果被保留在孤立之中，也就并不拥有真理。当自然被回溯到实在性，精神被回溯到作为一种基本范畴的理想性的时候，在这二者之间的区别也就没有被严格地构想出来。然而自然却远非这样固定和完整，因为它甚至没有精神也能继续存在：可以说自然首先是在精神中达到了其目的，获得了其真理。同样，精神就其自身而言，也不仅仅只是一个超越自然的世界，并非只此而已：只有在精神包含了被同化在自身的自然的时候，精神才确实被看作是精神，并且带有充分的证据被看作是精神。——说到这一点，我们应该注意到 aufheben（扬弃）这个德语词的双重意义。我们用这个词来表示，(1) 把……清除掉，或者宣告……无效，这样一来，我们也就说，一个法律或者规章被扬弃了；(2) 保持，或者保存，在这个意义上，当我们说某物被完好地放在一边的时候，我们就使用扬弃一词。语言的这种双重用法，给同一个词一个肯定的意义和一个否定的意义，这种用法并不是偶然的，并不能成为指责语言是造成混乱的原因的理由。相反，我们却应该在这当中看出，我们的语言的思辩精神超越了知性的单纯的"非此即彼"。

97. (B) 否定之物与其自身的关系，是一种否定的关系，因而把"一"与"一"自身区分开来，就是对"一"的排斥，也就是说，它造出了许多个"一"。就自存之物的直接性而论，这许多个"一"是存在的，而对它们当中的每一个的排斥，在那个程度上都成了它们作为存在着的最小整数的彼此之间的排斥——换句话说，这是它们的相互排除。

附释：

每当我们谈到"一"的时候，通常"许多"也就同时进入我们的脑海。这样一来，我们也就不得不问，"许多"是从哪里来的？那种把"许多"想象为主要的论据，并把"一"只是看作"许多"当中的一个的意识，是没有能力回答这个问题的。但在另一方面，哲学概念的教诲却是，“一”形成了“许多”的预先假定，在想到“一”的时候，也就暗示着“一”明晰地使得自己成了“许多”。自存的最小整数并不像存在那样完全没有连接性的联系：就像彼处彼时的存在是一种联系一样，它也是一种联系，然而却并不是一种把某物与某个他物连接起来的联系，而是作为某物与他物的统一，而与自身联系起来，而且应该看到，这种联系是一种否定的联系。由此“一”显示出了与自身完全不相容，显示出了一种自我排斥，而使得它自身明晰地存在的，就是“许多”。我们可以用“斥力”这个比喻的术语，来表示在自为存在的过程中的这一面。“斥力”最初是在对物质的研究中所使用的术语，意思是说，物质既然是一种“许多”，每一个“许多”中有许多个“一”，因而物质也就排除了其他所有的一切。然而如果把排斥的过程看成好像“一”是排斥者，“许多”是被排斥者，那就错了。我们已经说过，“一”恰恰既是自我排除，又是明晰地把自己设定为“许多”。然而这个“许多”中的每一个本身又是一个“一”，由于它的这种举动，这个包括一切的排斥也就一下子被转化成了它的对立面——引力。

98. (C)“许多”是“一”的对方：每一方都是“一”，甚至是“许多”中的“一”，结果它们也就是同一个事物。或者说，当我们研究斥力所包含的一切内容的时候，也就看到，斥力既然是许多个“一”彼此之间所持有的一种否定态度，因而在本质上就恰恰是它们彼此之间的一种连接性的联系。而且由于“一”在其排斥的活动的联系对象是一个又一个的“一”，所以正是在这些“一”当中，“一”也就与自身发生了联系。因而斥力也就同样有权利称之为引力，而那个排他的“一”，或者说是自为存在，也就抑制了自己。质的定性特征由于在“一”或者最小整数中达到了其特性化的极点，因而也就过渡到被抑制了的确定性（即质），也就是过渡到了作为量的存在。

原子说[①]的哲学是这样一种学说，它把绝对界说为自为存在，界说为“一”，以及许多个“一”。斥力在“一”的概念中把自己表现了出来，而被假定为在这些原子中的基本力量的，正是这种斥力。但可望把这些原子聚集起来的却并不是引力，而是偶然因素，也就是单纯的非智力因素。只要“一”被固定为“一”，那就当然不能不把它与其他的“一”的聚集看作是外在的和机械的。“虚无”被假定为原子的补充原则，“虚无”就是斥力，如此而已，它是以存在于原子之间的无的意象被呈现出来的。物理学在原则上仍然是原子论的，而现代原子论已经在很大程度上放弃了原子，而信赖于分子或者粒子。在这样做的时候，科学也就更接近于感性构想，而以失去思维的精确性为代价。现代人是把一个引力放在一个斥力的旁边，这自然给这个对照带来了完整，而且对这种所谓的自然力的发现，也成了大量骄傲的一个来源。引力和斥力之间所可能产生的相互影响产生了在它们身上的真实和具体之处，但甚至在康德的《自然科学的形而上学原理》一书中，引力和斥力也是处于晦涩和混乱之中，而只有费尽气力才能从这种晦涩和混乱之中搞清楚引力和斥力之间所可能产生的相互影响。在现代，原子理论的重要性甚至更显见于政治科学中，而不是物理学中。按照这种理论，个人的意志就其本身而论，就是国家的创造原则：引力就是个人的特殊需要和倾向，而共相，或者说是国家本身，

① 原子说（atomic philosophy），由古希腊唯物主义哲学家德谟克利特（Democritus，公元前460—公元前370）阐明的一种哲学体系，认为万物皆由不可分割的物质粒子组成。

就是一个契约的外在联系。

附释：

(1) 原子说形成了在理念的历史进化中的一个极其重要的阶段。那个体系的原则，可以被描述为以“许多”的形态出现的自为存在。当前，那些急于避免形而上学的自然科学学者，对原子论的学说表示赞同。但把自己投入原子论的怀抱，是不可能逃避形而上学并且不再把自然回溯到思维的术语。事实上，原子本身就是一个思想，因而那种认为物质是由原子构成的理论，也就是一种形而上学的理论。确实，牛顿曾特别警告物理学，要小心形而上学；但应该说，他却丝毫也没有听从他自己的警告，这是他的荣幸。唯一单纯的物理学家，就是动物，只有动物才不思考，而人却是能思的存在，是天生的形而上学者。真正的问题并不在于，我们是否将应用形而上学，而是在于，我们的形而上学是否正确：换句话说，我们是否并没有采用具体的逻辑理念，而是采用知性所僵硬地固定下来的片面的思维形式，并且使得那些形式成为我们的理论基础，同时也成为我们的实际工作的基础。正是基于这个原因，才有人对原子论持有异议。古代的原子论者们把世界看作一个“许多”，直到今天他们的继承者们还往往这么看。他们偶然确定了把在虚无中漂浮的原子聚集起来的任务。但毕竟，把“许多”彼此结合起来的那种联系却决非是一个单纯的事故；我们已经说过，这个联系是建立在它们的性质本身之上。全亏康德，我们才拥有了把物质看作斥力与引力的统一的完整理论。只要这个理论承认，引力是包含在自为存在的概念中的两个成分中的另外一个，而且承认，为了构成物质，引力是与斥力一样的必不可少的成分，那么这个理论就是正确的。虽然如此，但所谓的物质的力学结构，却犯下了把引力和斥力视为理所当然，而不是把引力和斥力演绎出来的错误。倘若它们是被演绎出来的话，那么我们就会接着看到，一个仅仅是被断言的统一是怎样形成的，又为什么被形成。康德确实是小心地教诲，物质必须不可被看作是本身（perse）就存在，然后物质才好像是偶然地被提供了那两种被提到的力量，而是必须把物质看作是完全存在于它们的统一之中。德国的物理学家们有一段时间接受了这种纯粹的动力学。但尽管如此，大多数现代物理学家却发现，返回到原子说的观点要更方便一些，而且尽管他们当中的一个同道克斯特讷①提出了警告，但他们却开始把物质看作是由极微小的粒子构成的，那些极微小的粒子称为“原子”——那些原子然后又由于附着在它们身上的力的作用，而相互产生关系——那些力是引力，斥力，或者可能是的不管什么力。这也是形而上学，而由于形而上学完全缺乏悟性，因而应该有充足理由予以提防。

（2）在我们面前的这个段落里所指出的从质到量的过渡，并没有见于我们的一般思考方式，我们的一般思考方式认为，这些范畴的每一个都是在另外一个范畴旁边独立存在。我们习惯于说，事物并不仅仅是在质上得到界定，而且也在量上得到界定，但这些范畴源自哪里，它们又是怎样相互关联的，却是并没有得到进一步检查的问题。事实上，量恰恰意味着被取代和吸收了的质，而且正是通过这里所检查的质的辩证法，这种取代才得以实现。首先，我们有了存在；作为存在的真理，转化出现了；转化形成了前往定在的过渡；我们又发现，定在的真理就是改变。在改变所带来的结果中，改变表明自己是自为存在，是与他物不相联系的，也不会过渡到他物。这种自为存在最后表明，它在其发展进程中的斥力和引力这两个方面当中扬弃了自身，并由此使它的一切阶段当中的质被扬弃了。虽然如此，但这种被取代被吸收的质既不是抽象的无，也

---

① 克斯特讷（Abraham Gotthelf K? stner，1719—1800），德国数学家，作家，以写警句著称。

不是同样抽象而又没有特点的存在：它只是不计较确定性或者性质的存在。存在的这个方面，也是在我们一般的概念中作为量而出现的事物。首先，我们在观察事物的时候着眼于它们的质——我们认为质是那种与事物的存在相同一的性质。如果我们进而考虑它们的量的话，那么我们就获得这种具有一种无关紧要和外在的性质或者模式的概念。根据这个概念，一个事物尽管它的量改变了，尽管它变得或大或小，但却仍然是那个事物。

量（Quantity）

（a）纯量（Pure Quantity）

99. 量是纯粹的存在，在这种存在中，模式或者性质不再被看作是与存在自身相同一，而是被明晰地认作被扬弃了或者是无关紧要。

（1）量值这个词特指确定的量，而由于这个原因，它也就并不是一个用以表达一般的量的合适的名称。（2）数学一般把量值界定为能够被增加或者减少的事物。这个定义的瑕疵在于，它包含了须再次予以界定的事物；但它又足以表明，量值这个范畴是明晰地被理解为可变的和无关紧要的，这样一来，尽管量值由于外延或者内涵的增加而得到了改变，但那个事物，比如说一幢房子，却仍然是房子，红色的房子仍然是红色。（3）绝对就是纯量。总的看来，这个观点与把绝对界定为物质是相同的，在物质中，尽管形式毫无疑问是存在的，但形式又是一种从各方面看都无足轻重的特性。当绝对被看作一种绝对的无足轻重，只容许有数量上的区别的时候，量也成为绝对的主要特性。——否则的话，如果我们允许我们自己把真实看作充满了空间和时间的不管什么东西的话，那么纯粹的空间、时间等等也可以被看作是量的例子。

附释：

量值的数学定义就是可以被增加或者减少的事物，乍一看，这个定义似乎比本节中对量值的概念所作的阐述更说得通和更明晰。然而仔细检查的时候，就可看出，它是在预先假定和表象的形式下，包含有与仅用逻辑发展的方法所得出的量的概念相同的结论。换句话说，当我们说量值的概念在于被增加或者减少的可能性的时候，我们也就是在阐明，有别于质的量值（或者更正确地说是量）是一种这样的特性，使得被特征化了的事物一点也没有受到在量值中的任何改变的影响。这样一来也就可以询问，我们不得不对这个定义挑剔什么呢？所挑剔之处就是，用增加和减少来描绘量值，与用其他方式来描绘量值是相同的事情。如果这样一来这个方面是对量值的一种适当的描述的话，那么量也就会被仅仅描述为能够被改变的不管什么东西。但质就像量一样容易受到改变。而在这里所给出的在量与质之间的区别，是用说出增加或者减少来表达出来的：这个说法的意思就是，不管对量值的测定是可以朝哪一边改变，事物仍然是那个事物。

还有一点值得注意。在整个哲学中，我们并非仅仅寻找其正确性能够直接吸引公众想象力的定义，更不是仅仅寻找说得通的定义。我们寻找的是得到认可的或者得到证实的定义，它们的内容并非被臆断为仅仅是给出的，而是让人们看到和知道，它们的内容能够证明自己是有理的，因为内容是得到了思维的自由的自我演变的证明。试把这一点应用在当前的实例上。不管在数学上通常的量的定义可能是多么正确和显而易见，它仍将不能满足一种愿望，即希望看到在何种限度内，这一特殊的思想（量的概念）是以普遍的思想为根据，并因而具有必然性。然而，这个困难却并不是唯一的困难。如果量不能通过思维的活动得到，而是无鉴别地从我们对量的概括化的表象中获得，那么我们也就有可能夸大它的效力的范围，或者甚至把它抬高到一个绝对范畴的高度。而当严谨科学的头衔被限制在那些其对象能够服从数学计算的科学的时候，我们也就看到，这样的危险是真实的。这里我们有了（第98小节附释中所提到的）拙劣的形而上学的另外一个迹象，那就是用知性的片面而又不适当的范畴，来取代具体的理念。如果像自由、法律、道德，甚至上帝本人这样的对象，由于它们不能被衡量或者计算，或者不能用数学公式来表达，所以就被认为是超出了严谨知识的范围，而且我们也不得不容忍有关它们的一种模糊而又概括化的表象，让它们的细节或者特殊之处听凭每一个个人任意处理，从中揣度出他想揣度的东西，如果是这样的话，那么我们的知识就会处于一个非常尴尬的困境之中。这样一种理论在实践中所产生出来的那些恶劣后果，也就显而易见。这个单纯的数学观点把数学的一个特殊阶段，也就是量，认同为理念，这种观点恰恰就是唯物论的原则。思维的科学模式的历史，尤其是自上个世纪中叶以来在法国的思维的科学模式的历史，即是明证。抽象地来看，物质恰恰是那种事物，尽管在其中当然有形式，但这种形式仅仅是一种无关紧要的外在属性。

倘若以为这里的解释是要诋毁数学，那就是彻底的误解。我们说量的特性只不过是外在的和无关紧要，并不是要以此来为懒惰和浅薄提供借口，也不是断言，量的特性可以自己便让人记住，或者起码并不需要非常仔细地予以处理。当然，量是理念的一个阶段，而就其本身而论，它必须得到应有的承认，首先它是一种逻辑范畴，其次在对象的世界里，它既是自然的世界又是精神的世界。即使如此，仍然很快就会出现那种附着于量的范畴的不同的重要性，而这又取决于它的对象是属于自然的世界还是精神的世界。在自然界中，理念的形式是与自身不同的形式，与此同时又是在自身之外的形式，而由于这个原因，量在自然界中也就比在精神世界中拥有了更大的重要性，精神世界就是自由的内心世界。

毫无疑问，我们甚至是根据量的观点来看待精神事实的；但又立即显而易见的是，在说上帝是三位一体的时候，三这个数字决非具有当我们考虑空间的三维或者三角形的三个边的时候那种突出地位。——三角形的基本特征，只不过是以三条线为边界的一个表面。甚至在自然界的领域之内，我们也发现了在量的特征上的更大或者更小的重要性之间的相同区别。可以说，量在无生物的世界里，起着比在生物世界里更为突出的作用。甚至在生物世界里，当我们把力学功能与所称之为的化学功能区分开来，以及在狭义上把力学功能与物理功能区分开来的时候，就有着相同的区别。人所公认，在科学的所有分支中，力学是最不能缺少数学的帮助的一个分支——确实，在力学中，没有数学我们一步也迈不出去。由于这个原因，力学也就被看作是仅次于数学的出类拔萃的科学，而这又导致我们再次说，唯物主义的观点与纯数学观点是一致的。总结上面所说的一切，为了精确而又彻底的知识的利益，我们不能不认为，仅仅在量的因素上寻求研究对象的一切区别和确定性，是最有害的偏见之一。诚然，量的知识对精神来说比对自然重要，对动物来说比对植物重要；但如果我们满足于或多或少的了解，如果我们并不进而在其独特性上来领悟对象，也就是说在对象的质的性质上来领悟它们，那么有关这些对象以及它们之间的区别我们也就知之甚少。

100. 我们已经看到，量有两个来源：一是排他的最小整数，一是这些最小整数之间的认同或者相同。因而当我们对量与自身的直接关系进行思考的时候，或者思考由于引力而变得明晰的那种同一性的特性时候，那么量就是连续的量值；但当我们思考其他的特性，思考在它身上所暗示出来的“一”的时候，那么量就是离散的量值。虽说如此，但连续的量也具有某种离散性，因为它只不过是“许多”的一种持续性；而离散的量也同样是连续的，它的持续性就是“一”或者最小整数，也就是许多个“一”的同一点。

(1) 因而，连续的量值和离散的量值不可被视为量值的两个种类，好像其一的特性并不属于其他似的。它们二者之间的唯一区别就是，(量的) 那个相同的整体有时是用连续的量值来明晰地表示出来的，有时则又是用离散的量值来表现出来的。(2) 空间、时间或者物质的二律背反所讨论的问题是，它们永远是可以分割的，或者说它们是由不可分割的最小整数构成的，这个二律背反恰恰意味着，我们有时主张量是离散的，有时主张量是连续的。如果我们明晰地只是给时间、空间或者物质赋予连续的量的属性，那么它们就是可以无限(adinfinitum) 分割。相反，当它们被赋予离散的量的性质的时候，它们也就已经潜在地被分割了，是由不可分割的最小整数所构成。两种看法都是不适当的。

附释：

量既然是自为存在的直接结果，也就包含着在自为存在的发展过程中的两个方面，也就是引力和斥力，把它们当成其自身的理念的构成成分。所以量也就既是离散的，又是连续的。这两个成分中的每一个，都也包含着另外一个，因而也就不存在单纯的连续的量，也不存在单纯的离散的量。我们可以把这两个成分说成量值的两个特殊而又对立的种类；但这只不过是我们的抽象反思所带来的结果，抽象反思在看待确定的量值的时候，对于那不可分的统一的量的概念，有时单看它所包含的这一成分，有时又单看它所包含的另外一个成分。这样一来也就可以说，这个房间所占有的空间是一个连续的量值，而聚集在里面的那一百个人，则形成了一个离散的量值。然而那个空间却同时既是连续的，又是离散的，因而我们也就谈到空间的点，或者我们把空间，某个特定的长度，分成许多英尺、英寸等等，而这一点只有根据认为空间也可能潜在地是离散的这个假设才能做到。同样，另一方面，由一百个人组成的那个离散的量值，也是连续的，而这种连续性所依赖的情况，就是那个共同的成分，即人这个物种，那个共同的成分遍及于所有的个人，并把他们彼此联合起来。

定量（Quantum）

101. 在本质上被赋予了量所包含的排他性的量，就是定量：也就是有限的量。[①]

附释：

在某种程度上，定量就是量的确定的存在，而单纯的量则相当于抽象的存在，下面即将讨论的程度，则相当于自为存在。就从单纯的量向定量的进展的详细步骤而论，定量是建立在这个基础之上：虽然在单纯的量当中，那种区别既然是连续性和离散性之间的一种区别，因而一开始只是隐含的，但在定量当中，那种区别却是实际上被作出的，这样一来，一般的量现在就显得是被辨别了出来，或者是有限的。但这样一来，定量也同时分裂为大量不确定的定量或者确定的量值。这些确定的量值中的每一个都有别于其他量值，这每一个确定的量值都形成了一个整体，另一方面，从其自身（perse）来看，每一个确定的量值又都是一种许多。而当做到这一点的时候，定量就被描述为数。

102. 在数里，定量实现了它的发展，获得了它的完美的模式。数的存在媒介是“一”，而数就像“一”一样，也包含着两种定性的因数或者函数[②]。总数依赖于离散性，数字“一”依赖于连续性。

---

① 定量（quantum），常用于物理学的术语，指一个固定的量，它在一个特定的程度上与下一个可能更小或者更大的量产生差异。

② 因数（factor）数学用语，亦译因子。简单地说，指乘数或者被乘数，如2，3，4和6都是12的因数。函数（function），指一个随着另外一个值的改变而改变的值，如在 $x = 5y$ 中，x是y的函数。

在算术里，各种各样的运算通常被呈现为处理数字的偶然方法。如果要在这些运算中找到必然性和意义的话，那就必须按照一个原则，而那个原则又必须来自在数自身的概念中的独特成分。（这个原则必须在这里简要地予以概述。）这些独特成分一方面是总数，另一方面则是数字“一”，它们一起构成数。但当数字“一”被应用在以观察为依据的数上面的时候，它仅仅是这些数的等式：因而算术运算的原则，就必须是把数置于数字“一”与总数的比例上，并且求出这二者的等式。

许多个“一”或者数本身是彼此互不相干的，因而通过算术运算使它们以数字“一”的形式出现，也就具有了一种外部合计的方面。因而所有的计算都是计数，而各种不同的计算方法的区别，只是在于我们所合计的数的定性构成。这个构成的原则，被我们把数字“一”和总数固定下来的方式提供出来了。

最先出现的就是读数法，也就是我们可以称之为的把数算出来，那是任意多的最小整数的一种合计。但要获得一种计算方法，就有必要使得我们所算出的数应该已经就是数，而不再是单纯的最小整数。

首先，由于数是直接的，而且一般说来是非常笼统的，因而总的看来，数是不相等的。合计，或者说把这些数算出来，就是加法。

其次，我们把数看作是相等的，这样一来，数也就形成了一个被视为一的量，又是这样一种被视为一的量，使得在我们面前有了一个总数。把这些数算出来就是乘法。在相乘的过程中，不论总数和被视为一的量的函数是怎样在两个数之间分配的，也不论是怎样在乘积①

① 乘积（product），数学用语，指两个或者两个以上的数相乘所得的结果。如 3 乘以 2 再乘以 6 的乘积是 36。

的因数之间分配的，不论以哪一数为总数，哪一数为被视为一的量，其结果都是一样的。

第三个也是最后一个观点就是，总数与被视为一的量是平等的。把具有这种特征的数自乘就是乘方，首先是自乘到平方。求一个数的更高的次方，在形式上就意味着，在不定数量的次数上继续自乘下去。——既然这第三种类型的计算展现出了，在数当中所存在的唯一区别，也就是在总数与被视为一的量之间的区别是完全相等的，因而除了这三种计算方法之外，不可能有别的方法。与这种积分相对应的是，按照相同的特点我们有了数的分解。因而，上面提到的三种可以称之为肯定的计算方法，除了这三种方法之外，在算术运算中还有三种否定的计算方法。

附释：

一般说来，数是处于其完全特殊化中的定量。因而我们可以把数用来不仅确定我们所称之为的离散的量值，也可以用来确定所谓的连续的量值。由于这个原因，即使几何学，当要求它明确说明空间的确定形状以及它们的比例关系的时候，也必须求助于数。

程度（Degree）

103.（在定量中的）限度与定量自身的整体完全相同。限度由于本质上是倍数，所以也就成为外延的量值，而由于限度本质上是确定性（定性的简单性），因而也就成为内涵的量值，或者说是程度。

在连续的量值与离散的量值之间的区别，与在外延的量值与内涵的量值之间的区别不同，这是因为前者适用于一般的量，而后者则适用于就其本身而论的量的限度或者确定性。内涵的量值与外延的量值同样也不是两种不同的量值，并不是其一并不包含另外一方的性质：凡是外延的量值也同样是内涵的量值，凡是内涵的量值也同样的外延的量值。

附释：

就其概念来说，内涵的量值或者说是程度，与外延的量值或者说是定量明显不同。因而许多人拒不承认这个区别，并且毫无顾忌地把量值的这两种形式混为一谈，也就是不可接受的。在物理学中它们是完全相同的，例如，物理学解释比重的差别时说，一个有两倍于另外一个物体的比重的物体，在同样的空间里包含着两倍于另外一个物体的物质分子（或者原子）。就热和光而言，如果各种程度的温度和亮度要用热和光的较大或较小的粒子（或者分子）来解释的话，那么热和光的情况也同样如此。毫无疑问，那些采取这样一种解释方法的物理学家们，当有人告诫他们这种解释方法是站不住脚的时候，他们通常是自我辩解说，这个数式并没有损害这种现象的公认的不可知的本质，而且也只是为了较为方便才予以采用。所谓较为方便，系指较容易计算而言，但我们却难以看出，内涵的量值既然实际上有自己的一个确定的数式，又为什么竟会不像外延的量值那样方便于计算。倘若方便就是可望得到的一切的话，那么毫无疑问，更为方便的就是干脆不要计算，不要思考。还有一点足以反对物理学家们的辩解的就是，作这样一种解释，就是超越感知和经验的领域，前往形而上学的领域，前往平时会被称之为毫无意义或者甚至有害的思辨领域。当然下述是经验的一个事实，即如果在两个装满了先令的钱包中，其中的一个是另外一个的两倍重，那么其原因就一定是，一个钱包里有例如二百先令，而另外一个钱包只有一百先令。这些钱币，我们能够看到，能够用我们的感官感觉到，而相反，原子、分子之类却是在感官知觉的范围之外，而且只有思维才能决定它们是否可以被接受，是否具有意义。但是（正如已经在第98小节附释中所述及的），正是抽象的知性，才把（包含在自为存在的概念中的）多样性这个因素，模式化为原子的形态，并把它作为一个终极的原则接受下来。在当前的情况中，同一个抽象的知性既与没有偏见的感知不相符合，又与真正具体的思维不相符合，正是同一个抽象的知性把外延的量值看作量的唯一形式，而且在出现内涵的量值的时候，并不承认内涵量值的特有的性质，而是使用一个完全是站不住脚的假设，力图把它们归纳为外延的量值。

在针对现代哲学所作的指责当中，有一个指责听到的最多。据说现代哲学把一切都归纳为同一性，由此现代哲学也就有了同一性的哲学这个绰号。但当前的讨论却可以使人明白，正是哲学，而且也只有哲学，才坚持要区分在逻辑上的不同之处以及在经验上的不同之处，而那些自称为爱好经验的人们，才把抽象的同一性确立为知识的主要原则。可以更恰当地称之为同一性的哲学的，正是他们的哲学。除此之外，非常正确的就是，正像并没有单纯的连续的量值和离散的量值一样，也没有单纯的外延的量值和单纯的内涵的量值。量的两种特性，并不像独立的种类那样相互对立。每一个内涵的量值也是外延的，而每一个外延的量值也是内涵的。因而某种程度的温度就是一个内涵的量值，有一个完全单纯的感觉与之相对应。我们如果看温度计，就会发现温度的这个程度有水银柱的某种扩张与之相对应，它的外延的量值，同时随着温度或者说是内涵的量值的变化而变化。精神世界的情况也类似：内涵大的性格比内涵小的性格能在更大的领域里产生影响。

104. 定量的概念被明晰地用程度表达了出来。定量就是自为中立而又简单的量值，但这样一来，定量之所以成为定量的那种性质（或者模态的存在）也就完全在它的外面，在别的量值之中了。在这种矛盾中，那种独立的中立的限度就是绝对的外在性；量的无限级数①在这种矛盾中变得明晰起来——这是一种无中介性，它立即掉转方向，进入它的对应物，进入中介（也就是超越刚刚阐明的那个定量），反过来也一样。

数是一种思想，但又是存在于它的完全自我外在化中的思想。因为它是一种思想，所以它并不属于感知，而是一种由感知的外在性赋予了特色的思想。——因而，不仅定量可以无限地增加或者减少，而且定量的概念本身也因而要突出出来，超越自身。量的无限级数，只不过是同一个矛盾的毫无意义的重复，那种矛盾属于定量，既是一般性地属于定量，又在被明晰地赋予其特殊的性质的时候作为程度属于定量。亚里士多德曾经引用过芝诺的话，芝诺在阐明这种以无限级数的形式出现的矛盾是徒劳无益的时候，正确地说道，“把一件事情说上一次，与永远说这件事情，是一回事。”

附释：

（1）如果我们遵照见于第99小节的数学家们所作的一般定义，认为量值就是能够被增加或者减少的事物，那么可能什么也不能否认这个界说所依据的看法的正确性。但问题仍然是，我们又怎么得以假设，存在着这样一种增加或者减少的能力。如果我们只不过为了获得一个答案而求助于经验，那么我们也就是尝试一种不能令人满意的做法，因为除了事实上我们只不过会拥有量值的一个表象，而不会拥有量值的思想之外，量值将会作为一种单纯的可能性（增加或者减少的可能

① 级数（progression），数学用语，指以一种特定的方式变化的一组数。如算术级数、几何级数等。

性）而出现，而我们则找不到它展现出这种行为的必然性的答案。相反，在我们的逻辑进化的方式中，量明显是在自我确定的思维过程中的一个阶段；而且也已经表明，在量的概念里便包含着超出其自身的必然性。这样一来，（我们已经听说的）增加或者减少也就不仅是可能的，而且也是必要的。

（2）当反思的知性处理无限性这个一般的问题的时候，知性通常所依赖的就是量的无限级数。在讨论质的无限级数时所作的那种评论，也同样适用于这个级数。当时我们说过，那并不是一种真实的无限性的表现，而是一种错误的无限性的表现；它从未比单纯的“应该”走得远上一步，因而实际上也就仍然停留在有限的限度之内。这种无限级数的量的形式，斯宾诺莎正确地称之为一种单纯的想像的无限性（infinitum imaginationis），它是经常被像哈勒①和克洛普施托克②这样的诗人所运用的一种意象，不仅用以描绘自然的无限性，而是甚至用以描绘上帝本人的无限性。因而我们就发现，哈勒在对上帝的无限性所作的一著名描述中，说道：

我堆积起庞大的数字，

堆积起数百万座山岳；

我在时间之上堆积上时间，

① 哈勒（Albrecht von Haller，1708—1777），瑞士生理学家、18世纪第一流的生物学家、实验生理学之父，对生理学、解剖学、植物学、胚胎学、诗歌及科学文献目录学等均作出大量贡献。他也是一位有才华的诗人，1732年作《阿尔卑斯山》，歌颂山川之美。这里黑格尔所引用的诗句，系引自哈勒于1736年所作的《论永恒》一诗。

② 克洛普施托克（Friedrich Klopstock，1724—1803），德国诗人，德国启蒙运动的主要代表之一，其创作成为狂飙突进运动的先声，代表作为史诗《救世主》、颂歌名篇《苏黎世湖》、《春天的庆典》等。

在世界之上堆积上世界。

当我从那可怕的高度，

眩晕地瞧上你一眼：

原来数的所有乘方，

再乘以一千，

都不足以成为你的一个部分。

在这里，我们首先便看到，量被持续挤出，尤其是数被持续挤出，被逐出自身之外，康德将其描述为“可怕”。它的唯一真正“可怕”之处在于，它总是在规定界限，不久又打破界限，结果连一步也没有迈出去，这样也就令人厌烦。然而这同一位诗人，在描述了错误的无限性之后，又恰当地加上了这句结尾的诗行：

要是我把这些移开，你就会完全展现在我的面前。

这意思是说，真正的无限不仅是一个单纯的超越有限的世界，而且我们要想意识到真正的无限，就必须抛弃无限级数（progressus in infinitum）。

（3）众所周知，毕达哥拉斯①用数来做哲理推究，他设想，数是事物的基本原则。在才智一般的人看来，这个看法乍一看来似乎完全是一种似是而非的矛盾说法，也许是一种单纯的狂热。这样一来，我们应该对它有什么看法呢？要回答这个问题，我们必须首先记得，哲学的问题在于把事物追溯到思想上，而且当然是追溯到明确的思想上。现在，数毫无疑问是一个思想，它是那种最接近于感性事物的思想，或者更精确地说，如果感性事物指相互排斥的许多事物的话，那么数

---

① 毕达哥拉斯（Pythagoras，公元前580—公元前500），古希腊哲学家、数学家，毕达哥拉斯教团创始人，提倡禁欲主义，认为数为万物的本原，促进了数学和西方理性哲学的发展。以毕氏定理（勾股定理）著称。

就是感性事物的思想自身。因而要把宇宙领悟为数的尝试，就是朝形而上学迈出的第一步。我们知道，在哲学史中，毕达哥拉斯是介乎爱奥尼亚①哲学家与爱利亚学派之间。正如亚里士多德所说，前者从未超越把事物的本质看作物质（希腊语），而后者，尤其是巴门尼德，则是进展到以存在为形态的纯粹思维的阶段；虽然如此，但毕达哥拉斯式的哲学，却可以说是构成了从感性事物走向超感性事物的桥梁。

由此我们就可以推断，何以有人以为，当毕达哥拉斯设想事物的本质是单纯数的时候，他毫无疑问是走得太远了。确实，他们承认，我们能够给事物计数，但他们又声称，事物要远远多于单纯的数。但是事物又是在什么方面更多呢？普通的感官意识从其自身的观点出发，会毫不犹豫地这样回答这个问题，那就是把我们移交给感官的感知，并且说，事物并不仅仅是可数的，而且也是可见的，有气味的，可触知的，等等。如果用现代的用语来描述的话，那么毕达哥拉斯的缺点就是一种过分的唯心主义。从对毕达哥拉斯学派的历史地位所作的评论可以推断，事情的真实状况恰恰是相反。姑且承认事物多于数，但这种承认的意义却一定是，仅仅是想到数，却仍然不足以阐明事物的确定概念或者本质。这样一来，与其说毕达哥拉斯带着他的数的哲学走得太远，倒不如说他并没有走得足够远，才更接近于事实；而且事实上，是爱利亚学派最先朝着纯思的哲学又迈出了一步。

此外，即使没有事物，也有事物的状态，总的说来，自然的现象的性质主要依赖于确定的数和比例。音调的不同以及音调的和声尤其

① 爱奥尼亚（Ionia），小亚细亚西岸中部的古称，据说约公元前11世纪爱奥尼亚人移居于此，因以得名。曾是古希腊工商业和文化中心之一。爱奥尼亚人对希腊文化贡献极大。公元前6世纪，爱奥尼亚的唯理论者提倡研究地理和自然，探索物质和宇宙。爱奥尼亚人为希腊的哲学和历史学奠定了基础。

是这种情况，按照一个著名的传说的说法，是音调的不同以及音调的和声首先让毕达哥拉斯联想到，可以设想事物的本质就是数。把这些现象追溯到作为它们的基础的确定的数，对科学来说无疑是重要的，尽管如此，但把思维所作的设定看作一个整体，看作仅仅是用数字来表示的，却又完全不可接受。我们当然可能感到自己受到了激励，要把思维的最一般的特性与最基本的数字联系起来：一是简单而又无中介，二是区别与中介，三则是这二者的统一。然而这样的联系纯粹是外在的，在单纯的数字当中没有什么能够使得它们表达出这些确定的思想。随着用这种方法所走出的每一步，确定的数字与确定的思想之间的联系也就变得愈加武断。这样一来，我们可以把4看作1与3之合，并且看作与它们相联系的思想之合，但4又恰恰是2的两倍；同样，9不仅仅是3的平方，而且也是8与1之合，7与2之合，等等。如果像现代的某些秘密社团所做的那样，认为各种各样的数目和数字很重要，这在某种程度上是一种天真的消遣，但也是智力资源欠缺的一个迹象。据说，这些数目掩盖了深刻的意义，并暗示出大量可资思考的东西。但在哲学里，要点却并非你可能思考什么，而是你确实是思考什么，而且思维的真正气氛是要在思维自身当中寻找，而不是在武断挑选出来的符号里面寻找。

105. 定量就其独立的性质而言是外在于其自身，这就是构成了定量的质之处。在那种外在性中，定量就是它自身，并且自己与自己相联系。在定量中，外在性亦即量，与独立性（自为存在）亦即质联合了起来。当定量被这样明晰地置于其自身之上的时候，定量就是量的比例。量的比例是这样一种存在方式，虽然在它的指数上它是一种直接的定量，但它也是中介过程，也就是某一个定量指的是另外一个定量，从而形成了比例的两个方面。但这两种定量并不是按照它们的直接值来计算的，它们的值只是在这种关系之中。

附释：

量的无限级数，最初似乎是数所作的超出其自身的持续挤压。然而细究起来，显然在这个级数中，量又返回到了自身，因为就思维而言，这个级数的意义就是数被数所决定这个事实。而这就得出了量的比例。例如，比例是2：4。这里我们有两个（并不是按照它们的不同的直接值来计算出来的）量值，在这两个量值中我们所关心的只是它们的相互关系。在这两个术语（比例的指数）之间的这个关系本身就是一个量值，这使得它有别于相关的量值，结果这个关系一产生变化，比例就随之产生变化。相反比例却并没有受到这个关系的两个方面的变化的影响，而是只要指数不变，它就不变。因而我们可以用3：6来取代2：4，而又并不改变比例，因为在这两个情况中，指数仍然是2。

106. 比例的双方仍然是直接的定量，而质的首数[①]和量的首数彼此之间仍然是外在的。但在它们的原理中，既然量本身就其外在性来说是与自身有关，或者说既然其性质的独立性与中立性是结合在一起的，因而量就是尺度。

附释：

这样一来，在研究了迄今在量的几个阶段中所发生的辩证运动之后，结果发现量是对质的返回。有关量所展现给我们的第一个概念就是，量是扬弃了的质。这就是说，量似乎是一种并不与存在完全相同的外在性质，对于存在来说它是非常无关紧要的。我们已经看到，这个概念强调了量值的数学定义，也就是能够被增加或者减少之物。乍一看，这个定义可能会造成一种印象，即量只不过是能够被改变的不

① 首数（characteristic），数学用语。简单地说，首数就是最小的正数。

管什么事物——须知不论是增加还是减少都暗示着以另外的方式对量值的确定——而且这个定义也可能会把量与确定的存在混淆起来，须知确定的存在是质的第二个阶段，而就其概念而言，确定的存在也同样被设想是可以改变的。然而，我们却可以通过附带说明来使这个定义得以完整，即在量中，我们拥有一个可改变之物，尽管有这些改变，但那个可变之物却仍然相同。这样一来，结果量的概念也就暗示着一种内在的矛盾。这个矛盾就是形成了量的辩证法之物。然而这个辩证所带来的结果，却并非仅仅是返回到质，好像那是正确的概念而量是错误的概念似的，而是进展到二者的统一和真实，进展到定性的量，或者说是尺度。

因而此刻也许完全可以说，在我们对客观世界的研究中，每当我们进行量的确定的时候，我们运算的目的无一例外都是我们所看到的尺度。这一点甚至在语言中也被暗示出来了，在语言中，对量的特征和关系的确定就被称之为衡量。例如，我们测量处于振动状态的不同的弦的长度时，是着眼于各个弦的振动所引起的与弦的长度相对应的在音调上的质的差别。同样在化学中，我们试图弄清各种相化合的物质的量，以便找出制约着这种化合作用的标准或者比例，也就是说，找出那些带来某些确定性质的量。在统计学中，研究所用的数字之所以重要，也只是因为量的结果是受到这些数字的制约。只是进行对数值上的事实的收集，而没有注意到这里所提到的目的，这种做法就可以恰当地称之为无益的好奇，既没有理论上的重要性也没有实践上的重要性。

尺度（Measure）

107. 尺度是涉及到质的定量，首先是一种直接的定量——一种确定的存在或者性质就属于这种定量。

附释：

在尺度中，质与量合而为一，因而尺度也就是存在的完成。我们最初领悟存在的时候，它是某种完全抽象而又无特征的东西：但在尺度中，恰恰是存在的本质得以成为它自身的特征，而且它的完全特征化也得以实现。就像存在的其他阶段一样，尺度也可以用作绝对事物的一个定义：据说上帝就是一切事物的尺度。正是这个理念，形成了许多古代希伯来圣歌的基调，在圣歌中，对上帝的赞美主要倾向于表明，上帝为每一个事物指定了它的界限：为海洋和坚实的陆地指定了界限，为河流和山脉指定了界限，而且也为各种各样的植物和动物指定了界限。对于希腊人的宗教意识来说，尺度的神圣性，尤其是就社会伦理而言的神圣性，是由涅墨西斯①所代表的。这个概念必然包含着一个一般的理论，即人类的一切事物、财富、荣誉、权力以及快乐与痛苦，都有它们的确定的尺度，越过尺度就会带来毁灭和破坏。在客观世界里，我们也有尺度。首先我们看到在自然界里有许多存在，那些存在的尺度形成了基本的结构。例如，太阳系就是如此，太阳系可以被描述为自由尺度的领域。当我们接下来进而研究无机界的时候，尺度也就好像退回到背景里面去了，起码我们经常发现，涉及到量的特征和涉及到质的特征表现得互不相干。这样一来，一块岩石的质或者一条河流的质并没有被限制在一个确定的量值上。但即使是这些对象，当被仔细检查的时候，也发现并非完全没有尺度：一条河流中的河水，以及一块岩石的各个组成部分，当进行化学分析的时候，就会

① 涅墨西斯（Nemesis），希腊神话中的报应女神，复仇女神。也指希腊宗教里的两个神圣概念，一是雅典的女神，一是愤怒抗议的抽象概念（后被拟人化）。作为抽象概念的涅墨西斯在后来才受到崇拜，她特别表示诸神对于人类的僭越的反对态度。

看出，它们就是被它们所包含的物质之间的量的比例所制约的质。然而，在有机界，尺度又再次上升，进入到直接的感知之中。各种各样的植物和动物，不论是作为整体还是作为个体，都有某种尺度，尽管值得注意的是，那些在更大程度上是无性的种类，那些最不脱离无机界的种类，它们与高级种类的区分所依赖的，在某种程度上却是它们的尺度的更大的不确定性。因而在化石当中，我们发现，有一些菊石①只有通过显微镜才能辨别得出，而有一些菊石则像车轮那么大。尺度的这种相同的模糊性，也出现在几种处于有机发展的低层次的植物当中，例如蕨类植物。

108. 就在尺度中质与量仅仅是处于直接的统一性之中而言，它们的不同也就在那个程度上以一种同样直接的方式把自己展现出来。要么特定的定量或者尺度是一种单纯的定量，而且特定的存在（彼处彼时的存在）能够得以增加或者减少，而又不会因而把尺度（在那个程度上尺度是一种规则）完全撤消。要么定量的改变也是质的改变。

附释：

见于尺度中的在量与质之间的同一性，一开始只是内含的，尚没有明晰地变为事实。换句话说，这两个在尺度中统一起来的范畴，每一个都声称有一种独立的权威。一方面，存在的涉及到量的特征可以被改变，又并不影响到存在的质。而另一方面，这种增加或者减少尽管是无形的，却也有其限度，超越这个限度质就会改变。这样一来，

① 菊石（Ammonites）是一种已灭绝的海洋动物，是头足动物（如章鱼、鱿鱼、乌贼）纲的一个亚纲。菊石化石是优秀的标准化石，往往有可能把发现它们的岩石层与特定的地质时期联系起来。

水的温度就其流动性而言，首先就是一个无关紧要的点：虽然如此，但随着液态水的温度的增加或者减少，又出现了这样一个点，这种内聚作用的状态在这个点上有了质的变化，水也就转化为蒸汽或者冰。一种质的变化发生了，显然并没有任何进一步的意义：但却有某种东西在背后潜伏着，而且量的一种似乎无害的改变起到了一种圈套的作用，以便抓住质。这必然包含着尺度的二律背反，在希腊人当中，这种二律背反用不止一个方式得到了例证。例如，人们问道，一颗麦粒是否能够造成一堆麦子，或者从马尾巴上拽下一根马尾，是否能够造成秃尾巴。毫无疑问，起初在把量的性质看作存在的一种无关紧要而又外在的性质的时候，我们也就愿意否定性地回答这些问题。然而，我们又必须承认，这种无关紧要的增加或者减少却有着自己的限度，因为最终会到达一个点，那时额外的一颗麦粒就会造成一堆麦子，而且如果我们继续一根根地拽马尾的话，秃尾巴也就产生了。这些例子在那个农民的故事中找到了一个相似之处，当他的驴子快活但又步履艰难地行走的时候，他继续一盎司又一盎司地增加它的负荷，最后驴子在无法忍受的负担之下倒下了。要是把这些例子看作迂腐无益，那就会是个错误，因为这些例子实际上开启思想，了解它们在实际生活中有重大意义，尤其是在伦理学上有重大意义。因而就花销而论，有某种在其之内花多花少无关紧要的回旋余地。但当被特殊情况的个人状况所强加上的那个尺度在一面或者另外一面被超过的时候，那么尺度的涉及到质的性质，（比如在上面的不同水温的例子中，）也就让人们感觉到它的存在，而且一种片刻之前被认为是令人满意的节俭，就变成了贪得无厌或者挥霍。同样的原则可以被应用在政治上，一个国家的宪法必须被看作既是依赖于它的领土的大小、居民的数量，以及其他同类的涉及到量的数字，又独立于它的领土的大小、居民的数量，以及其他同类的涉及到量的数字。例如，如果我们看一个有一万平方英里和四百万人口的国家，那么我们就应该毫不犹豫地承认，多上或者少上几平方英里土地，多上或者少上几千人口，对它的宪法的性质不会产生本质上的影响。但另一方面，我们却不可忘记，通过一个国家的持续增加或者减少，单是这种涉及到量的改变，就必然随之带来在宪法的质上的一种改变。瑞士联邦的一个小小的州的宪法，并不适合于一个大的王国；同样，罗马共和国①的宪法要是被转移到德意志的帝国小城镇②，也是不适宜的。

109. 在这第二种情况中，当一个尺度通过其涉及到量的性质超越了其涉及到质的性质的时候，我们也就遭遇到起初是尺度的缺失的状态，也就是无尺度。但既然这第二个量的比例与第一个相比是无尺度，那么这第二个量的比例就仍然是涉及到质的，这个无尺度也同样是一种尺度。这两种过渡，从质到定量的过渡，以及从定量又返回到质的过渡，可以用无限级数的表象展现出来——展现为在无尺度中，尺度的自我扬弃和恢复。

附释：

我们已经看到，量不仅能够改变，也就是能够增加或者减少，而且它还自然和必然地拥有一种要超出自身的倾向。这种倾向甚至在尺

---

① 罗马共和国（Roman Republic），1798年2月法国占领军在罗马城及其近郊建立的一个共和国。教皇被迫流亡，新共和国由七名执政官治理。1798年11月，那不勒斯国王斐迪南四世派兵收复罗马城；次月，法军卷土重来，重建共和国。1799年奥俄战役中，法军被逐出意大利。虽然拿破仑于1800年再度攻占意大利，但希望得到教皇善意以便最终能签订1801年的协约，于是允许教皇保有其国家。

② 在历史上，德意志一度是个松散的帝国，有皇帝。在本书作者黑格尔逝世（1831年）之后，在1871年，德意志成为统一的“德意志帝国”。

度中也被保持了下来。但如果出现在尺度中的量超出了某个限度，那么和它相应的质也就暂时被搁置起来。然而这却并非对质的全然否定，而只是对这个确定的质的否定，它的位置立即就被另外一个质所占据了。尺度的这个过程，只不过是作为量的一种单纯改变而交替地出现，然后又作为量的一种突变而进入质，而我们则可以用有结之线的图形设想尺度的这个过程。我们发现，这样的有结之线在自然界中有各种各样的形式。我们已经提到，在温度增加或者减少的情况下，水展现出涉及到质的不同的聚集状态。金属的氧化程度不同，也表现出同样的现象。甚至音调的不同，也可以看作是发生在尺度的变化过程之中的事物——这是从起初只不过是量的改变，突变而成为质的改变的一个例子。

110. 这里实际上所发生的事情，就是那种就其本身而论仍然属于尺度的直接性被扬弃了。起初，在尺度中质和量本身是直接的，而尺度只是它们的“相对的”同一性。但尺度又表现出，它自身在无尺度中被吸收和取代了。然而尽管无尺度是尺度的否定，但它自身又是量和质的一种统一。这样一来，尺度仍然被看作是只是与它自身相结合。

111. 无限之物是否定之否定的肯定，无限之物的关键之处在于质和量，而不是在于那些更为抽象的存在与无，某物与他物等等。质与量（一）首先就是进行了转移，由质进入量（参见第 98 小节），然后又从量进入质（参见第 105 小节），而这样一来质与量二者都被表现为否定。（二）但在质与量的统一中，也就是说在尺度中，它们原本是明显不同的，而且彼此都只是借助于对方才明显不同。（三）这种统一的直接性结果表明是扬弃了自我，在此之后，这种统一又被明晰地表述为它的含蓄之物，变成简单的与自我的关系，这其中就包含着存在以及存在的一切被扬弃的形式。存在或者直接性，通过对自身的否定而变成对自身起中介作用或者指称自身，它因而也是一种取消了自身而进入指称自身的中介性，或者说是直接性——这样的存在或者直接性，就是本质。

附释：

在不适当的无限中，无穷尽的级数以一种总是反复出现的反冲的形态，从质过渡到量，又从量过渡到质；而尺度的变化过程，并非只是那种不适当的无限，它还是在对方中与自身相一致的那种正确的无限。在尺度中，质与量最初就像某物与对立面一样彼此面对着。但质潜在地就是量，反之量潜在地也是质。因而在尺度的变化过程中，这二者彼此过渡到对方，它们中的每一个都变成原先已潜在的那个事物，而这样一来，我们也就获得那种被搁置起来和扬弃了的存在，而且它的不同的特性也被否定了。这样的存在就是本质。尺度潜在地就是本质，它的变化过程就在于使潜在的事物变为事实。一般的意识把事物设想为存在，并且从质、量以及尺度方面来研究它们。然而这些直接的特性很快就表现出来，它们自身并不是固定的，而是转瞬即逝的，而本质就是它们的辩证法所带来的结果。在本质的领域中，一个范畴并不过渡到另外一个范畴，而只不过是参照另外一个范畴。在存在中，参照的形式纯粹是由我们对所发生的事情所作的反思所引起的，但它却是本质的特殊而又恰当的特性。在存在的领域中，当某物变成他物的时候，那个某物也就消失了。但在本质中却并非如此：在这里并没有真正的他物，而只是有多样性，只是有一个事物在参照它的对立面。因而与此同时，本质的过渡也就决非过渡，因为当不同过渡到不同的时候，那种不同并没有消失：不同的术语仍然存在于它们的关系之中。当我们说到存在和无的时候，存在是独立的，无也是独立的。肯定与否定的情况则不然。毫无疑问，肯定与否定拥有存在与无的特性。但单独的肯定却毫无意义，它完全是与否定相参照的。否定也是如此。在存在的领域中，一个术语与另外一个术语的参照只是潜在的，相反在本质中，这种参照却是明晰的。而一般说来，这就是在存在的形式与本质的形式之间的区别：在存在中，每一个事物都是直接的，而在本质中，每一个事物都是相对的。